A BÍBLIA

Dados Internacionais de Catalogação na Publicação (CIP)
(Câmara Brasileira do Livro, SP, Brasil)

Grün, Anselm
 A Bíblia : caminhos de interpretação e reflexão pessoal /
Anselm Grün ; tradução Vilmar Schneider. – 1. ed. – Petrópolis, RJ :
Vozes, 2021.

 Título original: Der kleine Bibelcoach
 ISBN 978-65-5713-125-1

 1. Bíblia – A.T. Crítica e interpretação 2. Bíblia – N.T. Crítica e
interpretação 3. Bíblia – Introduções 4. Bíblia – Leitura 5. Teologia
I. Título.

21-63372 CDD-220.61

Índices para catálogo sistemático:
1. Bíblia : Introdução   220.61

Maria Alice Ferreira – Bibliotecária – CRB-8/7964

Anselm Grün

A BÍBLIA

CAMINHOS DE INTERPRETAÇÃO E REFLEXÃO PESSOAL

Tradução de Vilmar Schneider

EDITORA VOZES

Petrópolis

© 2019 Vier-Türme GmbH, Münsterschwarzach.

Tradução realizada a partir do original em alemão intitulado
Der kleine Bibelcoach – Eine Lese-Anleitung zum Buch der Bücher.

Direitos de publicação em língua portuguesa – Brasil:
2021, Editora Vozes Ltda.
Rua Frei Luís, 100
25689-900 Petrópolis, RJ
www.vozes.com.br
Brasil

Todos os direitos reservados. Nenhuma parte desta obra poderá ser reproduzida ou transmitida por qualquer forma e/ou quaisquer meios (eletrônico ou mecânico, incluindo fotocópia e gravação) ou arquivada em qualquer sistema ou banco de dados sem permissão escrita da editora.

CONSELHO EDITORIAL

Diretor
Gilberto Gonçalves Garcia

Editores
Aline dos Santos Carneiro
Edrian Josué Pasini
Marilac Loraine Oleniki
Welder Lancieri Marchini

Conselheiros
Francisco Morás
Ludovico Garmus
Teobaldo Heidemann
Volney J. Berkenbrock

Secretário executivo
João Batista Kreuch

Diagramação: Sheilandre Desenv. Gráfico
Revisão gráfica: Nilton Braz da Rocha
Capa: WM design

ISBN 978-65-5713-125-1 (Brasil)
ISBN 978-3-7365-0270-3 (Alemanha)

Editado conforme o novo acordo ortográfico.

Este livro foi composto e impresso pela Editora Vozes Ltda.

Sumário

Introdução, 7
Por onde começar?, 7
Diversas edições e traduções da Bíblia, 9
Interpretação da Bíblia, 12

1. Interpretação histórico-crítica, 15
Sugestões de leitura da Bíblia hoje, 20

2. Interpretação espiritual e mística, 23
Lectio divina, 28
Sugestões de leitura da Bíblia hoje, 31

3. Interpretação teológica, 35
Sugestões de leitura da Bíblia hoje, 42

4. Interpretação eclesial, 47
Sugestões de leitura da Bíblia hoje, 51

5. Interpretação na perspectiva da psicologia profunda, 55
Sugestões de leitura da Bíblia hoje, 66

6. Interpretação teológico-libertadora, 69
Sugestões de leitura da Bíblia hoje, 73

7. Interpretação pessoal, 75
   Sugestões de leitura da Bíblia hoje, 81

Ler a Bíblia – De forma individual e conjunta, 87
   Métodos de estudo individuais, 87
   Sugestões de leitura conjunta da Bíblia, 89

Referências, 95

Introdução

Muitas pessoas me dizem: "Gostaria tanto de ler a Bíblia. Mas logo que começo, percebo que ela me é estranha. Não entendo o que ela quer me dizer nos dias atuais. E não sei por onde começar a leitura. Quando começo pelo Antigo Testamento, fico preso nas histórias de guerras, nas leis incompreensíveis que Moisés dá ao seu povo, nos textos obscuros dos profetas. De vez em quando, há raios de esperança, mas não consigo continuar a ler os textos que não entendo. Quando leio o Novo Testamento, frequentemente não sei como interpretar os textos para os dias atuais. Há tantas interpretações distintas, em homilias, em livros, na internet. Eu não sei mais o que fazer". Com este livro, pretendo responder a essa insegurança e mencionar algumas formas de ler a Bíblia nos dias atuais.

Por onde começar?

Em primeiro lugar, não recomendo a leitura do Antigo Testamento do início ao fim. Pois nele há muitos textos que realmente necessitam de uma explicação. No entanto, pode-se muito bem iniciar com os dois primeiros livros:

O livro do Gênesis com as maravilhosas histórias da criação e as narrativas sobre Abraão, Jacó e José. E, em seguida, a história do êxodo do Egito, relatada no livro do Êxodo, até seu capítulo 20.

Nesse caso, ajuda ler esses textos como poesia, como obras poéticas. Eles expressam antigas experiências que as pessoas fizeram consigo mesmas e com Deus.

Além disso, seria errôneo aplicar nossos padrões morais atuais a esses textos. Antes, eles descrevem os altos e baixos da condição humana. Indicam os nossos próprios abismos e, repetidas vezes, a misericórdia de Deus, que nos aceita assim como somos.

No **Antigo Testamento** sugere-se, além disso, a leitura do livro de Tobias bem como dos livros de sabedoria: Jó, Salmos, Provérbios, Eclesiastes, Cântico dos Cânticos, Sabedoria e Jesus Sirac (Eclesiástico). Nesses textos, a sabedoria é descrita para as pessoas numa linguagem bem franca. E os Salmos nos oferecem a oportunidade de apresentar as nossas próprias experiências diante de Deus, em especial quando não mais sabemos o que e como rezar.

Também nos livros dos profetas Isaías e Jeremias há histórias maravilhosas. Ouvimo-las, sobretudo, na época do Advento e do Natal. Para muitos, esses textos proféticos nos prometem um mundo demasiadamente belo. No entanto, esses textos têm um poder explosivo em si. Podemos ouvi-los ou lê-los com o seguinte sentimento: Com esses textos, Deus nos revela as possibilidades que nos esperam. Vemos o mundo, frequentemente, com olhos mais pessimistas. Os textos proféticos querem nos dar novos olhos, com os quais podemos perceber a ação de Deus já aqui e agora, neste mundo. Em meio a este mundo cheio de medo e terror há também vestígios da ação de Deus. Repetidamente, ele transforma o nosso deserto em um lago, abre poços no deserto, converte as espadas em arados. Confiar nessas palavras significa vivenciar o mundo de outra maneira.

No **Novo Testamento** é bom iniciar com a leitura dos quatro evangelhos, mas é preciso tirar o tempo necessário para permitir que cada um dos textos surta efeito. Em continuação, pretendo escrever principalmente sobre a forma de interpretar os evangelhos. Além disso, recomenda-se a leitura das Cartas de Paulo e as outras Cartas do Novo Testamento. Às vezes temos a impressão de que são muito abstratas. Tampouco precisamos compreender tudo. No entanto, podemos constatar que, por exemplo, Paulo e João ou Pedro e Tiago concebem de maneira bem diversa a nossa vida como cristãos. A diversidade amplia nosso coração e permite estarmos abertos para o mistério do nosso ser cristão e não basearmos nossa vida cristã unilateralmente numa determinada teologia.

Diversas edições e traduções da Bíblia

Se você, querida leitora, querido leitor, decidiu comprar uma Bíblia, é provável que, em primeiro lugar, se defronte com o problema de que existem diversas edições. Antes de mais nada, há diferenças inclusive entre as edições católica e evangélica da Bíblia.

A Igreja Católica inclui no Antigo Testamento todos os escritos enumerados na chamada Septuaginta. A Septuaginta (= setenta) é a Bíblia traduzida do hebraico para o grego por setenta eruditos judeus. Os autores do Novo Testamento citam a Bíblia sempre segundo essa tradução grega. Nas suas edições da Bíblia, os reformadores retiraram novamente os chamados escritos deuterocanônicos, ausentes na Bíblia hebraica original e transmitidos como textos bíblicos somente na Septuaginta. Trata-se dos livros de Judite, Sabedoria, Tobias, Eclesiástico, Baruque, I Macabeus e II Macabeus. Com efeito, Martinho Lutero traduziu esses escritos, porém não os incluiu no verdadeiro cânon, ou seja, na seleção dos escritos sagrados, definido pelo judaísmo e, mais tarde, pela Igreja. A Igreja definiu esse cânon entre o segundo e o quarto séculos, ou seja, ela decidiu quais escritos pertencem à Bíblia e quais não. Pois além dos escritos atuais compilados no Novo Testamento, circulavam nos primeiros séculos ainda outros escritos, por exemplo, o Evangelho de Tomé ou o Evangelho de Pedro. Esses escritos integram atualmente os escritos (ocultos) chamados apócrifos. Eles descrevem a vida de Jesus, porém frequentemente estão impregnados também por ideias gnósticas. É por isso que a Igreja não os acolheu no cânon.

Além disso, existem diversas traduções da Bíblia. Na Igreja evangélica[1] é popular a Bíblia de Lutero. Ela revela grande força linguística; com o passar dos séculos, porém, sua tradução foi repetidamente adequada à linguagem mais recente. Além disso, há a Bíblia de Zurique, que remonta a Ulrich Zwínglio, o primeiro reformador suíço, publicada pela primeira vez em 1531. Entre 1987 e 2007, ela foi traduzida novamente com base no texto original da Bíblia[2].

No contexto católico, adota-se, sobretudo, a tradução unificada, elaborada por vários exegetas católicos a pedido da Conferência

---

[1] Ao citar a Igreja evangélica, Anselm Grün se refere à Igreja Luterana. (Nota do Editor)

[2] No contexto evangélico brasileiro é muito utilizada a tradução Ferreira de Almeida, reconhecida, sobretudo, por sua intenção de oferecer um texto mais literal e fiel aos textos bíblicos tomados como base para a tradução. (Nota do Editor)

Episcopal Alemã[3]. Na tradução do Novo Testamento e dos Salmos, colaboraram também os tradutores evangélicos. Na tradução unificada, encontram-se, no final de cada página, notas de rodapé e observações a respeito de versículos específicos. Essas observações decorrem dos conhecimentos obtidos a partir do método histórico-crítico. Elas deixam claro como podemos compreender o texto ou em que contexto ele deve ser visto. Em notas relativamente curtas, elas indicam os panos de fundo.

A Bíblia de Jerusalém, traduzida do francês para o alemão, apresenta, por sua vez, comentários detalhados[4].

Além dessas versões, há traduções da Bíblia mais adaptadas à linguagem atual, como, por exemplo, *Die Gute Nachricht* ou a tradução do teólogo evangélico Jörg Zink[5]. Se você tiver tempo e paciência, certamente seria bom, para um ou outro livro da Bíblia, recorrer à ajuda de um comentário. Alguns desses comentários oferecem também sugestões de interpretação do texto para a nossa vida pessoal.

No caso de você preparar um estudo bíblico, é aconselhável ler, num comentário, o que consta sobre o pano de fundo da passagem bíblica que você escolheu. Importante é, porém,

---

3 Também a Conferência Episcopal dos Bispos do Brasil (CNBB) tem uma edição própria da Bíblia publicada em 2018 e atualmente na 2ª edição. (Nota do Editor)

4 A Bíblia de Jerusalém foi traduzida também para o português do Brasil, sendo publicada pela Editora Paulus. Com a participação de biblistas brasileiros, é um texto com características técnicas que traz notas com comentários e versões de termos traduzidos. (Nota do Editor)

5 No Brasil podemos citar duas traduções da Bíblia que buscam oferecer o texto em linguagem acessível, o que comumente chamamos de bíblias para a pastoral. Elas não trazem preocupações técnicas que sejam específicas e próprias dos estudos acadêmicos, mas buscam a sintonia entre os textos antigos, em grego e hebraico, e a linguagem acessível ao leitor. Podemos citar como exemplo a Bíblia da Vozes, traduzida sob a coordenação do biblista franciscano Ludovico Garmus, que foi publicada originalmente em 1982 e atualmente está na 50ª edição. Há também a Bíblia Pastoral, publicada pela Paulus. (Nota do Editor)

que você não defina o texto com base no que o comentário afirma. O comentário é somente um auxílio para identificar o contexto em que está o texto ou para intuir a verdadeira intenção do enunciado. Em seguida, trata-se, no entanto, de passar do método histórico-crítico para a interpretação pessoal: Quando leio o texto com base no pano de fundo de tudo o que é possível saber sobre ele, o que ele quer me dizer hoje? Qual é a mensagem que ele transmite para mim pessoalmente ou também para nós enquanto comunidade eclesial? Como esse texto transforma a mim e a minha autopercepção?

Interpretação da Bíblia

Antes de indicar auxílios práticos para a leitura da Bíblia nos dias atuais, quero abordar a tradição da exegese praticada na história do cristianismo. Não existe apenas uma forma possível de interpretar a Bíblia, mas diversas possibilidades, mesmo que a disputa pela interpretação "correta" já seja bem antiga. Olhar para a tradição nos dá a liberdade de escolher o método mais adequado para nós. Isso também pode mudar de texto para texto.

A linguagem da Bíblia é uma linguagem poética e, portanto, aberta. Ou seja: Toda grande obra poética – seja a "Canção dos Nibelungos" ou o "Fausto" ou seja o que se incluir aí – tem que ser sempre reinterpretada, o que se aplica também à Bíblia. E, em cada época, ela sempre tem algo novo a dizer e pode tocar os corações das pessoas repetidamente de forma original.

Quero mencionar aqui sete diferentes formas de interpretação, proporcionadas pela tradição espiritual e teológica. Nesse caso, não se trata de saber qual é a melhor interpretação. Cada uma é possível e boa e atende certas necessidades. Veja você mesmo, querido leitor, querida leitora, com qual interpretação você se sente bem e qual lhe parece estranha. E, então, desenvolva a sua própria interpretação de cunho inteiramente pessoal. Muitos pensam que isso é arbitrário. Teria que existir uma única interpretação correta, autorizada pela Igreja. No entanto, em sua história, ela autorizou todos os sete métodos de interpretação. Os textos da Bíblia permanecem abertos, de modo que são possíveis muitas formas de leitura.

Ao final de cada capítulo, quero acrescentar ainda algumas sugestões para a prática pessoal das respectivas formas de leitura.

1
Interpretação histórico-crítica

Os comentários bíblicos que estão à nossa disposição orientam-se, em geral, pelo método histórico-crítico. É uma abordagem científica da Bíblia. A ciência bíblica teve seu apogeu principalmente por volta do final do século XIX e, em seguida, durante todo o século XX. Pesquisou-se bastante a história do surgimento da Bíblia, o contexto cultural em que ela surgiu, os paralelos existentes na tradição judaica e extracristã para algumas passagens bíblicas e o que os textos singulares querem realmente nos dizer.

O método histórico-crítico revela que podemos examinar a Bíblia com nossa razão e que não precisamos ter medo de aplicar essa metodologia aos textos que, para muitos de nós, são sagrados. O método histórico-crítico fornece conhecimentos sobre o surgimento da Bíblia, os manuscritos bíblicos singulares e a variante textual mais suscetível de corresponder ao texto original. Além disso, ela revela o pano de fundo histórico dos eventos que nos são narrados na Bíblia. Com isso, a ciência reconheceu que a Bíblia reflete, de fato, acontecimentos históricos. Porém, não devemos esperar dela nenhuma historiografia objetiva. Ao narrar, a Bíblia sempre interpreta o acontecido. Com efeito, experimentamos também hoje: Os meros fatos não nos ajudam. Dos fatos por si sós, não se consegue viver. Somente quando os interpreto, eles adquirem um significado para mim. Então, identifico o sentido do acontecimento. E, somente então, o sentido do acontecimento passado pode conferir sentido também a minha vida nos dias atuais.

A interpretação histórico-crítica desenvolveu diversos métodos para abordar os textos bíblicos. Há, por um lado, o método da história das formas. Ele analisa os textos quanto ao aspecto do tipo textual presente nos diferentes livros, se é, pois, uma carta ou se se trata de uma lenda ou de uma narrativa. E cada tipo de texto tem que ser interpretado de acordo com a sua forma. Na Bíblia há, por exemplo, textos míticos. A história da criação é um desses. Esse texto mítico tem sua própria verdade. No entanto, não é uma verdade científica. A história da criação nos relata o início da criação em imagens maravilhosas. Essas imagens têm, todas, uma verdade em si. Contudo, não podemos, a partir delas, tirar conclusões científicas. Isso seria desconhecer o que a Bíblia quer nos dizer. Ela quer nos dizer que Deus criou o mundo e que ele foi criado de forma maravilhosa. E, ainda, que o ser humano desempenha aí um papel central. São imagens maravilhosas, com as quais a Bíblia descreve a criação do mundo. Já na primeira frase consta: "Deus disse: Faça-se a luz!" (Gn 1,3). Josef Haydn ficou tão fascinado com essas palavras que ele faz essa luz brilhar musicalmente em seu oratório "A Criação". O músico entendeu muito bem o que a Bíblia quer dizer com o relato da criação.

Que não devemos interpretar cientificamente essa narrativa revela-se já no fato de que a Bíblia nos apresenta duas histórias da criação:

A primeira (Gn 1,1–2,4a) relata como Deus criou o mundo em seis dias: em primeiro lugar, Ele separa a luz das trevas, o dia da noite; em seguida, o céu da terra e a terra da água. Então, Ele criou as plantas, os animais e, por fim, o ser humano. E Ele vê que tudo é muito bom e muito belo. Ao sétimo dia, Ele descansa e concede, também aos seres humanos, o sétimo dia como dia de descanso.

A segunda história da criação (Gn 2,4b–25) relata, por sua vez, que Deus fez primeiro o céu e a terra. Em seguida, criou o ser humano da terra cultivável e soprou nele o fôlego da vida. Ele lhe dá um nome: Adão, que pode ser traduzido por "terra". Deus plantou, a seguir, um jardim no Éden. O ser humano deveria lavrá-lo e guardá-lo. Então, Deus vê que não é bom que o ser humano esteja só. Ele lhe dá animais e pássaros no céu, mostra-os ao ser humano e quer que ele lhes dê um nome. No entanto, os animais não são o auxílio que o ser humano deseja. Então, Deus fez cair um sono sobre ele e, de sua costela, formou uma mulher. Aí Adão diz: "Desta vez sim, é osso dos meus ossos e carne da minha carne!" (Gn 2,23).

Não se consegue dizer qual é o relato da criação que corresponde à verdade. Ambos são verdadeiros. Ambos enunciam algo essencial sobre Deus e a criação e sobre o ser humano. Porém, o ser humano é um mistério tão grande que se pode e se deve iluminá-lo de diversos ângulos.

Na Bíblia, há ainda outras formas textuais, como parábolas, histórias de cura, histórias vocacionais, contos, narrativas, novelas, lendas e tradições orais. Cada uma tem que ser vista em sua singularidade. Então, fazemos justiça à Bíblia. O método de história das formas nos liberta de um conceito de verdade que só vê a letra, que quer entender tudo de maneira literal – ao pé da letra. Toda forma tem sua própria verdade. Os fundamentalistas afirmam com frequência: "Isso consta assim ali. Isso tem que ser interpretado literalmente". É claro que tenho que interpretar a Bíblia literalmente, ou seja, considerar palavra por palavra. Porém, preciso sempre ver qual é a forma dessa palavra ou dessa narrativa. Somente então farei justiça à Bíblia.

Os fundamentalistas pensam interpretar a Bíblia em sentido literal. No entanto, eles distorcem seu sentido ao reduzi-la unilateralmente a um enunciado histórico ou científico. A Bíblia, porém, fala para nós em imagens. E essas têm a sua própria verdade. Elas expressam o mistério do ser humano de maneira muito mais clara que a redução das palavras a meros fatos. Temos que reconhecer o espírito nas palavras. O próprio Jesus disse aos discípulos que não entendem sua palavra e, por isso, levantam dúvidas: "O espírito é que dá a vida. A carne de nada serve. As palavras que vos tenho dito são espírito e vida" (Jo 6,63). Desse modo, o próprio Jesus nos revela um método de leitura da Bíblia. Devemos identificar nas palavras o espírito e a vida que Jesus e Deus colocaram nelas. Por isso é preciso sempre estar disposto a meditar nelas e a deixar que caiam no próprio coração. Somente aí é que entendemos as palavras, e não ao discutir sobre elas de forma dogmática.

Outro método é a abordagem da história das religiões. Ele nos indica, entre outros aspectos, paralelos entre os temas bíblicos e os temas de outras religiões. Há, por exemplo, também nos mitos babilônicos e gregos, narrativas a respeito de uma espécie de dilúvio, da destruição do mundo "mau". O objetivo do método da história das religiões não é revelar que aqui uma religião "copiou" da outra ou que sempre os mesmos temas são empregados com a mesma intenção. Trata-se apenas de evidenciar paralelos, bem como de enfatizar a peculiaridade da Bíblia. Ele nos indica caminhos a seguir para, no diálogo com os resultados da ciência das religiões, reconhecer o verdadeiro objetivo dos enunciados da Bíblia.

A terceira abordagem é o método histórico redacional. Ele investiga qual é o autor que possivelmente está por detrás dos textos da Bíblia e qual é a teologia, qual é a imagem da fé, quais são as concepções sobre a fé, que ele quis transmitir com seu escrito. A Bíblia não é uma obra uniforme; portanto, não foi escrita por apenas uma pessoa. Já no Antigo Testamento há diversos autores. E cada um tem a sua própria intenção de expressar algo com o que escreve e com a maneira de escrever. Isso já ficou claro anteriormente nas duas narrativas da criação. O primeiro relato da criação é atribuído ao chamado Escrito Sacerdotal; o segundo, ao chamado Javista. É desse modo que a exegese designa os dois autores dos textos, se bem que talvez se trate, nesse caso, de vários autores. O Escrito Sacerdotal se caracteriza por uma teologia um pouco distinta da dos textos do Javista. No entanto, as duas teologias expressam algo sobre Deus e o ser humano que nos diz respeito ainda hoje, por meio do que Deus nos fala ainda hoje.

O método histórico redacional tem uma importante função principalmente no estudo dos evangelhos e deixa claro que cada evangelista desenvolveu uma teologia própria. Todos os quatro evangelhos nos relatam a história de Jesus, seus atos, suas palavras, sua paixão e sua ressurreição. Porém, cada um tem em vista leitores e leitoras diferentes. E assim o respectivo evangelista interpreta o acontecimento de Jesus orientado para eles, concebe o mistério de Jesus, repectivamente, à maneira deles. Isso não é uma contradição. A pergunta tampouco pode ter o seguinte teor: Qual dos evangelistas está certo? Todos estão certos. Porém, cada um entende Jesus de maneira diferente. É precisamente isso que nos liberta da obrigação de desenvolver uma dogmática uniforme. Podemos olhar para Jesus de diferentes ângulos e interpretá-lo diferentemente. Abordarei esse método mais uma vez, em separado, quando tratar da interpretação teológica da Escritura.

Sugestões de leitura da Bíblia hoje

Quero evidenciar, no exemplo da parábola do administrador esperto, como o método histórico-crítico pode nos ajudar a entender um texto. Não se trata de interpretar a parábola, mas apenas a última frase: "O patrão louvou o administrador desonesto por ter agido com esperteza, pois os filhos deste mundo são mais vivos no trato com sua gente do que os filhos da luz" (Lc 16,8). A esperteza do administrador desonesto consiste em que ele reconhece: Eu não posso honrar minha dívida nem por serviço prestado nem por mendicância. Isso me sobrecarregaria ou me tiraria toda a autoestima. A única possibilidade de lidar com a minha culpa é descer do trono da minha autojustificação e me tornar um ser humano entre seres humanos. Posso aproveitar minha dívida para me colocar no mesmo nível das pessoas. O administrador se imagina na sua relação com os outros: "Tu deves, eu devo, vamos partilhar a dívida. Não vamos nos acusar mutuamente, mas vamos tratar humanamente um ao outro". O administrador esperto espera que, desse modo, seja recebido nas casas das pessoas.

Na sentença final – assim nos revela a exegese histórico-crítica – Jesus se refere, com a imagem dos "filhos da luz", a um grupo judeu, os essênios. Eles eram judeus muito piedosos, que viviam uns com os outros em pequenos grupos numa relação cheia de amor. Porém, ao mesmo tempo, eles eram muito rígidos quando alguém transgredia as normas do grupo. Nesse caso, ele era excluído do grupo impiedosamente. Na comparação entre os "filhos do mundo" e os "filhos da luz", Jesus se diferencia, portanto, do comportamento dos essênios. Os discípulos de Jesus não devem excluir ninguém, ainda que tenha transgredido a norma, mas devem receber uns aos outros em suas casas. Pouco antes dessa passagem, encontra-se, no Evangelho de Lucas, a parábola da ovelha perdida e do filho pródigo. Ambas apontam na mesma direção: Os cristãos não devem excluir os que se perderam a si mesmos, os que transgrediram a norma e se isolaram a si mesmos, mas acolhê-los em sua comunidade. A comunidade dos cristãos deve se caracterizar pela misericórdia e não pelo rigor. Aqui fica claro que a exegese histórico-crítica pode nos ajudar a compreender melhor os enunciados bíblicos. Pois ela nos explica como compreender certos conceitos a partir do pano de fundo da situação daquela época. Por isso, na minha opinião, sempre é importante, em primeiro lugar, consultar os comentários da exegese histórico-crítica. Eles esclarecem certos conceitos que, em seguida, ao compreendê-los melhor, posso interpretá-los para a minha situação pessoal.

2

Interpretação espiritual e mística

Já na fase inicial da Igreja, portanto, nos anos e séculos que se seguiram ao surgimento dos escritos do Novo Testamento, refletiu-se sobre como as pessoas deviam ler e compreender esses escritos. Para isso, não se inventou simplesmente um método de interpretação. Este surgiu, antes, na tradição dos métodos interpretativos, como foram desenvolvidos pelos gregos no tocante às suas histórias dos deuses e como eram corriqueiros já entre os judeus. Tanto a filosofia grega como a tradição judaica conhecem, sobretudo, dois métodos distintos para interpretar textos antigos: a interpretação alegórica e a tipológica do escrito.

A **interpretação alegórica do escrito** foi desenvolvida principalmente pelos gregos. Alegorese se origina de *alla legein*, que significa "dizer algo diferente". O método alegórico quer nos dizer, portanto, que o texto não deve simplesmente ser interpretado literalmente. Ele quer nos dizer ainda algo diferente. Paulo, que recebeu formação tanto grega como judaica, utilizou a interpretação alegórica na sua Carta aos Gálatas, ao interpretar as duas esposas de Abraão – Sara, sua legítima esposa, e Hagar, sua serva – como imagens do Novo e do Antigo testamentos. Paulo não vê as duas mulheres simplesmente como mulheres da história, mas como imagens de uma realidade espiritual.

Ele não interpreta as palavras do livro de Gênesis em sentido literal, mas distingue nelas o significado mais profundo. Já Paulo, portanto, interpreta o Antigo Testamento em sentido alegórico. Esse tipo de interpretação era muito popular entre os Padres da Igreja e entre os místicos. Às vezes, a interpretação alegórica levou, porém, a interpretações peculiares. Ela revela, no entanto, que os cristãos, desde o início, lidavam livremente com a Bíblia. Eles sempre relacionavam os textos consigo mesmos e, então, os interpretavam em imagens.

A **interpretação tipológica do escrito** era muito popular no judaísmo. Ela busca, por exemplo, compreender as histórias do Antigo Testamento como arquétipo ou modelo para acontecimentos posteriores. Também esse método encontra-se em Paulo. Ele interpreta, por exemplo, o êxodo do Egito em sentido tipológico ao vê-lo como arquétipo do batismo, no qual nós também imergimos na água, a fim de nos libertar de todos os inimigos de nossa alma – os egípcios representam os inimigos de nossa alma.

Interpretam-se tipologicamente, sobretudo, pessoas do Antigo Testamento, como Sansão, que ao morrer derruba o palácio dos filisteus aniquilando muitos inimigos. Ele se torna símbolo de Jesus, que ao morrer também aniquilou os inimigos da alma. Também Moisés se torna imagem de Jesus, que nos leva do cativeiro à liberdade. A interpretação tipológica do escrito fez com que teólogos cristãos frequentemente citassem passagens do Antigo Testamento para explicar o mistério de Jesus, o mistério da Eucaristia e o mistério da salvação através da morte e da ressurreição de Jesus. Eles sempre viram o Antigo Testamento como uma imagem do que, em seguida, é descrito no Novo Testamento.

Na fase inicial da Igreja, Clemente de Alexandria (aproximadamente 150 a 215 d.C.) foi o primeiro a se ocupar com a questão da interpretação. Clemente defende a interpretação alegórica da Bíblia e aponta que ela não é um fenômeno isolado, mas se encontra também na filosofia e na poesia gregas e na teologia simbólica egípcia. Para Clemente, a interpretação alegórica é a condição para se chegar ao verdadeiro conhecimento de Deus.

De modo mais sistemático que Clemente, Orígenes (185 até aproximadamente 254 d.C.) abordou a questão da interpretação da Bíblia. Para ele, não são relevantes os fatos testificados no escrito, mas a verdade supra-histórica nele revelada. Ele distingue três sentidos da Escritura: o corpóreo ou histórico, o psíquico ou moral e o espiritual ou místico. Ele considera o sentido espiritual da Bíblia o mais importante. Orígenes entende que a Escritura tem, como o ser humano, um corpo, uma alma e um espírito. Ele associa a essas três dimensões a tríplice interpretação da Escritura. Para a interpretação corpórea, o que importa são os fatos e o significado correto das palavras. A interpretação psíquica trata da interpreação moral da Escritura. Aqui, Orígenes considera todas as histórias bíblicas como modelos morais para o ser humano. A interpretação psicológica da Bíblia serve, segundo Orígenes, à edificação do cristão. Para a interpretação espiritual, o que importa é o significado mais profundo dos textos, a dimensão mística da Bíblia, a possibilidade de união com Deus.

Orígenes descreve a distinção entre a interpretação moral e espiritual da Escritura em suas *Homilias* (uma espécie de instrução) *sobre o livro de Números*:

"O sentido alegórico do êxodo do Egito pode ser interpretado de duas maneiras... Porque quando alguém passa das trevas do erro à luz da verdade e da instabilidade do terreno para a condução segura do espiritual, é como se ele saísse do Egito e chegasse à solidão do deserto, ou seja, à fase de sua vida em que ele, mediante o silêncio e a paz, tem que se exercitar nas leis divinas e se deixar impregnar pelas exigências celestiais, e assim, remodelado e guiado, possa atravessar o Jordão e seguir caminhando até a terra prometida...

Mas o êxodo do Egito é também uma alegoria da alma que sai das trevas deste mundo e deixa para trás a cegueira da natureza corporal para se estabelecer em outro mundo, que é o seio de Abraão, segundo a história de Lázaro, ou o paraíso, no caso do ladrão arrependido na cruz, ou os outros locais e moradas conhecidos por Deus através dos quais peregrinam as almas devotas para chegar àquele rio que alegra a cidade de Deus e, na margem oposta, receber a ventura prometida aos pais...

Quando a alma sai do Egito desta vida para peregrinar para a terra prometida, ela precisa enveredar por certos caminhos... e passar por determinadas estações" (Orígenes, texto das Homilias sobre o livro de Números, citado por Greshake, 68).

A interpretação moral considera todas as histórias como imagens e apelos para a ação. Ela interpreta os textos bíblicos a partir da seguinte questão: O que devemos fazer? É uma questão muito importante. A Bíblia também é uma orientação para a ação. Ela nos desafia a agir a partir do espírito e a não nos deixar guiar por desejos e paixões.

Em alguns círculos bíblicos, a Bíblia é interpretada sobretudo em sentido moralizante. Porém, isso facilmente pode levar a uma sobrecarga. Nesse caso, tem-se constinuamente uma consciência pesada: Na verdade, deveríamos agir dessa maneira e viver dessa maneira. No entanto, ao mesmo tempo, se sente que, na realidade, isso dificilmente é possível. Com frequência, a interpretação moralizante toma as palavras da Bíblia ao pé da letra. Então, vivenciamo-las como um fardo angustiante e não como uma mensagem alegre.

A interpretação mística orienta-se pela questão: Quem sou? Qual é o mistério da minha existência, da minha pessoa, do meu ser cristão? Aqui se aborda a Bíblia com a seguinte pergunta: Se estas palavras estão certas, quem sou eu então, como eu me sinto, como eu me vivencio? As palavras revelam, portanto, o mistério do meu ser. Para a interpretação mística da Bíblia, o que importa é o ser e não o dever. Em primeiro lugar vem o ser, depois o dever. Primeiro, trata-se de conhecer quem somos. Então, podemos refletir sobre como agir de acordo com nosso ser.

Esse tipo de interpretação reflete melhor a mensagem alegre da Bíblia. Eu me conheço através das palavras e descubro o mistério de minha alma e de seu caminho para Deus. A Bíblia dá a esperança de que também a minha alma pode trilhar esse caminho da libertação indicado, por exemplo, na história do êxodo do Egito. A interpretação mística parte da ideia de que todo ser humano já se encontra no caminho para Deus. A Bíblia o ajuda a compreender melhor esse caminho.

A interpretação espiritual ou mística da Sagrada Escritura respaldou a maneira como os monges lidaram com a Bíblia desde a Idade Média até a época atual. Ela se revela, por exemplo, na utilização dos textos bíblicos na liturgia. Precisamos apenas ver os cânticos iniciais da missa (*Introitus*) ou os versículos do Aleluia para constatarmos quão livremente a Igreja lida com os textos bíblicos e que os textos do Antigo Testamento são compreendidos como imagens para a atuação de Jesus. Desse modo, canta-se, por exemplo, por ocasião da Páscoa, no *Introitus*, um versículo do Sl 139: *Resurrexi et adhuc tecum sum, alleluja*, que significa: "E, ao despertar, eu ainda estou contigo." O versículo dos Salmos é interpretado, portanto, diretamente no sentido da ressurreição de Jesus. Algo similar ocorre no ofertório, que interpreta os versículos do Sl 76,9s. como imagem da ressurreição: *Terra tremuit, et quievit, dum resurgeret in iudicio Deus*, "A terra treme e permanece calada, quando Deus se levanta para julgar". A ressurreição de Jesus põe, também em mim, algo em movimento. Deus ressuscita também em mim e me orienta inteiramente para Ele.

Lectio divina

Os antigos monges desenvolveram um método próprio de leitura dos escritos que aplica concretamente a interpretação espiritual e mística da Escritura. É a chamada **lectio divina**, a "leitura divina". Ela se refere à leitura da Escritura Sagrada. São Bento reservava três horas, diariamente, para a *lectio divina*. *Lectio* significa, contudo, não uma leitura para enriquecer o conhecimento, para obter informações, mas um encontro com Deus, que na palavra se dirige a nós. Na palavra surge uma imagem daquele que fala, e é uma imagem muito pessoal. Na palavra intuímos algo da singularidade e da constituição mais íntima de Deus, que na Escritura vem ao nosso encontro repetidamente como aquele que nos revela o seu coração. No encontro com Deus encontro a mim mesmo de forma renovada.

A *lectio divina* consiste em quatro passos: em primeiro lugar, a **leitura**. Eu leio bem devagar a Escritura, até uma palavra me tocar e comover. Então, me detenho nela. Eu guardo o livro e deixo a palavra tocar e permear meu coração. Segundo o Papa Gregório o Grande, o que importa na leitura é sentir o coração de Deus na sua palavra.

O segundo passo é a **meditatio**. Isso não significa que eu reflito sobre a palavra lida, mas que a levo ao coração, que busco degustá-la, saboreá-la. Posso, pois, repetir a palavra, proferi-la novamente com o coração, ou posso dizer para mim: Se isso está certo, como me sinto então, quem sou eu realmente, qual é o mistério da minha vida? *Meditatio* é um saborear, um novo olhar, uma nova autocompreensão, e ela é um encontro com Deus, um ato de degustar Deus em sua palavra.

Guigo, o Cartuxo – na *Scala Claustralium*, uma apresentação sistemática da *lectio divina* em forma de carta –, descreveu que a *lectio* busca o deleite da vida divina. Ele a expressa na seguinte imagem: A leitura rompe o pote de alabastro da palavra divina; a meditação sente o aroma dela. A meditação penetra no interior da palavra e suscita, assim, o anseio do coração por Deus. Quanto mais ela se sente no interior da palavra, tanto maior se torna o anseio pela doçura de Deus e da vida divina.

Por isso, o monge responde com o terceiro passo, a **oratio**. Na *oratio*, uma oração breve e efetiva, o monge se dirige para Deus e lhe pede que realize o anseio. Guigo coloca em sua boca a seguinte prece: "Meditei muito tempo em meu coração, e na minha meditação cresceu um fogo, e o desejo de te conhecer ainda mais (cf. Sl 39,4). Quando me repartes o pão da Sagrada Escritura, na fração do pão te tornas conhecido por mim (cf. Lc 24,30s.). E quanto mais te conheço, tanto mais desejo conhecer-te, não já na casca da leitura, mas no sabor da esperiência" (Guigo, 478). Por meio da degustação da Palavra de Deus, entramos em contato com nosso anseio profundo por Deus. Na *oratio* oferecemos o nosso anseio a Deus e lhe pedimos para realizá-lo cada vez mais.

O quarto passo é a **contemplatio**, o mero silêncio, a oração sem palavras e imagens, sem pensamentos e sentimentos, a pura união com Deus no fundamento da alma. A *contemplatio* não é obra minha, ela é sempre dádiva de Deus. O monge pode praticar somente os três primeiros passos, o quarto passo ele deve deixar acontecer em si. Na oração, ele pode pedir a Deus pela realização de seu anseio ou, como Guigo diz, "invocar o seu Esposo". No entanto, nesse caso, o próprio Deus tem que agir. E Ele o faz: Ele interrompe o curso da oração e apressa-se a ir ao encontro daquele que reza, banhando-o "com o orvalho da doçura celeste". Ele revigora e refrigera a alma fatigada e sacia os famintos com suas dádivas (cf. Guigo, 479).

A mística dos monges, que se torna nítida nesse pensamento e oração, era sempre mística da Escritura: Na leitura e na meditação da Palavra de Deus, eles conheciam o próprio Deus. O objetivo dessa mística é a união com Deus, a vereda para o espaço interior do silêncio, no qual o próprio Deus habita em nós. A palavra da Escritura, assim dizem os monges, abre a porta para o mistério silencioso de Deus. Na leitura da palavra da Escritura, as palavras me levam ao espaço interior do silêncio, no qual o próprio Deus mora em mim. E ali eu simplesmente sou. Eu intuo algo do mistério de Deus no fundamento de minha alma.

Sugestões de leitura da Bíblia hoje

Como podemos aplicar concretamente esse método dos monges nos dias atuais? Nem todo texto é adequado para isso, mas o Evangelho de João ou também os livros dos profetas no Antigo Testamento, sobretudo as promessas proféticas, que ouvimos na época do Advento, podem servir muito bem a esse propósito.

Leia bem devagar o texto. Não reflita sobre ele, mas leve as palavras ao seu coração. Diga para si: Se isso está certo, quem sou eu então, como me sinto? Não é tão fácil ler a Bíblia dessa maneira. Pois logo vem nossa razão crítica e pergunta: Jesus realmente disse isso? Ou: O que o profeta quis dizer exatamente? Qual era a situação histórica? Mas essas perguntas bem como nossas dúvidas devem ser guardadas para outro momento. No momento atual, simplesmente agimos como se essas palavras estivessem certas, como se Deus ou o próprio Jesus falasse essas palavras para nós de maneira inteiramente pessoal. Ao aplicar esse método, cada um pode confiar no ritmo do seu coração.

Se você saboreou a palavra, peça a Deus para senti-la ainda mais profundamente. Continue a ler devagar, até que uma palavra lhe toque de novo. Então, deixe essa palavra penetrar em você. Depois de aproximadamente 20 a 25 minutos, tire a Bíblia de suas mãos e permaneça sentado em silêncio. Não pense mais nas palavras singulares, mas escute o seu interior: O que essas palavras provocaram em mim? Tente perceber o silêncio para o qual essas palavras lhe guiaram. Deixe-se guiar pelas palavras até o silêncio sem palavras no fundamento de sua alma e, ali, intuir que, no fundamento de sua alma, você está unido com Deus e unido com a palavra na qual o próprio Deus lhe encontra.

Querida leitora, querido leitor, você pode aplicar esse método concretamente ao ler o capítulo 15 do Evangelho de João.

Imagine o seguinte: Jesus, que, antes de sua morte, disse essas palavras aos seus discípulos, fala agora para eles como o ressurreto e o elevado junto a Deus. Ele diz: "Eu sou a videira verdadeira e meu Pai é o agricultor. Ele corta todo ramo que em mim não dá fruto e poda todo aquele que dá fruto, para que produza mais" (Jo 15,1s.).

Em seguida, imagine uma videira: Você é o ramo da videira. Você obtém a força a partir dela. O Espírito de Cristo, o amor de Cristo fluem para dentro de você. E Deus como o agricultor atua em você. Ele poda o ramo, para que produza mais fruto. Simplesmente, imagine isso.

Se você "concebeu" essa imagem, pode continuar a ler devagar e, repetidamente, imaginar o seguinte: "Eu sou a videira, vós os ramos. Quem permanece em mim, e eu nele, dá muito fruto" (Jo 15,5). Deixe essas palavras simplesmente agirem em você. Sinta-se nelas: Se isso está certo, como eu me sinto agora, neste instante? Se essa é minha realidade mais profunda, como vejo meu cotidiano com seus problemas? E, talvez, você consiga lembrar, cheio de gratidão, que Deus já produziu muitos frutos em sua vida.

Continue a ler o capítulo 15, o quanto quiser. Não precisa ler o capítulo inteiro. Leia pausadamente, até uma palavra lhe tocar; então, busque sentir o sabor da palavra, sentir-se a si mesmo renovado pela palavra, até ser suficiente para você. Depois de aproximadamente 20 a 25 minutos, você pode simplesmente ficar sentado em silêncio. As palavras lhe conduziram a esse silêncio. Muitas vezes, é um silêncio muito intenso.

Não podemos interpretar e explicar o texto. Não pronunciamos qualquer palavra sobre ele. Nós o vivenciamos. E este é o objetivo da interpretação espiritual da Bíblia: Não fazer reflexões sobre o texto, mas senti-lo e, através da palavra, perceber-se a si mesmo de maneira nova, como o ser humano pleno e permeado pelo espírito e pelo amor de Jesus.

3
Interpretação teológica

Os autores da Bíblia eram não só escritores, mas também teólogos. Ou seja, eles olharam, por assim dizer, com um "óculos" bem específico para os acontecimentos e para o que haviam anotado. E, ao escreverem, eles interpretaram os acontecimentos da forma como eles mesmos compreendiam Deus e sua relação com o ser humano.

Ao ler os evangelhos, nem sequer preciso me esforçar para reunir harmonicamente os diferentes enunciados presentes nos textos. Um exemplo: Os sinóticos – portanto, Mateus, Marcos e Lucas, cujas narrativas da vida de Jesus se desenrolam de maneira quase paralela e, com poucas exceções, relatam os mesmos acontecimentos e episódios – incluíram, todos eles, a história da expulsão dos comerciantes do templo. Em todos os três evangelhos, ela aparece imediatamente antes da paixão de Jesus. O motivo: Eles compreendem esse fato como a gota d'água que fez transbordar o copo, porque os sacerdotes viviam do comércio praticado no templo, e, com isso, Jesus lhes subtraía as bases econômicas da sua profissão. Os sinóticos veem a expulsão dos comerciantes do templo, sobretudo, como um ato histórico que aprofundou a desavença com os saduceus, que eram os verdadeiros inimigos de Jesus, e, em última instância, levou à morte de Jesus.

O quarto evangelista, João, situa essa história, por sua vez, no início da atuação de Jesus. Ele também parte da ideia de que se trata de um fato histórico. Porém, ele a considera, ao mesmo tempo, um símbolo da ação de Jesus. No capítulo 2 do seu Evangelho, encontramos duas histórias: o casamento em Caná e a expulsão dos comerciantes do templo. O casamento em Caná é uma imagem da encarnação de Deus em Jesus Cristo. Na encarnação de seu Filho, Deus celebra o enlace com o ser humano e transforma, por assim dizer, sua água insípida em vinho. Ela dá à vida um novo sabor.

A expulsão dos comerciantes do templo é, segundo João, uma imagem da morte de Jesus. Ali Ele purifica nosso corpo de todas as impurezas: da sede de poder e da ganância, do obscurecimento do sagrado mediante negócios profanos. Esse exemplo revela que cada evangelista interpreta à sua maneira o mesmo acontecimento inserindo, assim, a sua teologia nesse texto.

Ao lermos os evangelhos com esse pano de fundo, podemos sempre nos perguntar: Como Lucas compreende essas palavras ou esse ato de Jesus ou como Lucas concebe o mistério da salvação? Como ele vê a morte e a ressurreição de Jesus? O que elas significam para nós? Como João, por sua vez, entende a ação de Jesus, a sua morte e a sua ressurreição? Ou qual é a teologia que se descobre em Mateus? Nesse caso, não se trata de descobrir qual é a visão "correta" das coisas. Pois todos os quatro evangelistas eram teólogos e, com sua teologia, interpretaram de maneira inteiramente pessoal a ação de Jesus. Devemos ter em mente não só a respectiva teologia, mas também os "públicos-alvo", os tipos de audiência para os quais os respectivos evangelistas escreveram seus textos. Eles os formularam de modo que os leitores e leitoras que eles tinham em vista também os entendessem.

Assim, **Marcos**, cujo texto talvez seja o evangelho mais antigo, provavelmente tinha em vista especialmente os cristãos que, oriundos do chamado paganismo, encontraram a fé em Jesus, portanto, todos os que não eram judeus. Supõe-se que ele tinha em vista principalmente os romanos. O Evangelho de Marcos se dirige, ainda hoje, especialmente às pessoas para as quais a vida e a obra de Jesus parece tão estranha como era, naquela época, para os "pagãos", que não conheciam bem a cultura judaica em que Jesus havia crescido e vivido.

O evangelista **Mateus** presumivelmente já conhecia o texto do Evangelho de Marcos e o utilizou como guia para a sua narrativa. Em algumas passagens, contudo, ele o complementou: por um lado, através da história do nascimento de Jesus e, por outro lado, através de cinco grandes discursos proferidos por Jesus. Mateus escreve seu evangelho para judeus que se converteram para Cristo. Para ele, é importante, por isso, que Jesus apareça como novo Moisés – uma figura central na fé judaica. No Antigo Testamento, há os cinco livros de Moisés (Gênesis, Êxodo, Levítico, Números e Deuteronômio), que formam a base legal para os judeus. Nos cinco grandes discursos relatados por Mateus, Jesus desenvolve uma nova lei, a lei do amor. Jesus aparece aqui como um mestre da sabedoria, que nos indica um caminho para uma vida bem-sucedida. E Jesus é o Filho misericordioso de Deus que nos revela, ele mesmo, a misericórdia de Deus e nos ensina que ela é a atitude mais importante para a nossa vida. Jesus não aparece aqui, porém, apenas como mestre. Ele testificou seu ensinamento principalmente através da sua vida e da sua morte. Na morte, Ele colocou em prática, como um ideal para as pessoas, a não violência, que Ele havia anunciado no Sermão da Montanha. Deus confirma o seu ensinamento e a sua ação ao ressuscitá-lo. A ressurreição é a comprovação de que o ensinamento de Jesus não está fadado ao fracasso, mas nos indica um caminho para a vida verdadeira.

Mateus tinha em vista como público-alvo de seu evangelho sobretudo aqueles que conhecem o Antigo Testamento e que conseguem identificar em Jesus o cumprimento das promessas veterotestamentárias. No entanto, precisamente no sermão da montanha – na versão de Mateus – Jesus toca todos os que anseiam por novas formas de convívio, que acreditam na reconciliação num mundo dilacerado.

O terceiro sinótico, **Lucas**, era grego. Ele conhecia a filosofia e a literatura gregas. Por isso, queria fazer um relato sobre Jesus de modo que seus conterrâneos, os gregos, e também as pessoas versadas no pensamento filosófico, conseguissem compreendê-lo e amá-lo. Lucas descreve Jesus como aquele que realiza o anseio que está por detrás das estruturas de pensamento da filosofia grega. Quero mencionar apenas um exemplo: Platão, o maior filósofo grego, descreveu a justiça como a verdadeira virtude do ser humano. Já há 400 anos antes de Cristo, em seu mais importante escrito, *Politeia*, ele levanta a questão: O que ocorreria a um homem verdadeiramente justo neste mundo tão injusto? E ele mesmo responde: Ele seria expulso da cidade, cegado e morto na cruz. Na sua versão do evangelho, Lucas descreve Jesus como o verdadeiro justo, pelo qual Platão ansiava. Segundo Lucas, na cruz Jesus não se deixa afastar de sua justiça, de sua condição

correta de amor e de paz. Na cruz, Ele permanece o justo. Ele até reza pelos seus assassinos e promete ao ladrão à sua direita que ele ainda hoje estará no paraíso com Ele. O comandante romano que supervisiona a morte de Jesus não afirma, após a morte de Jesus, como em Mateus: "Verdadeiramente, este era Filho de Deus", mas: "Realmente, este homem era um justo" (Lc 23,47).

Uma análise mais precisa dessa passagem torna evidente ainda outro aspecto da filosofia grega. Pois, literalmente, consta: Vendo o que acontecera, o oficial do exército romano glorificava a Deus, dizendo: "Realmente, este homem era um justo". O "ver" é essencial para a filosofia grega. Lucas descreve a morte de Jesus como um espetáculo. Quem o vê, é transformado pelo ver: "Toda a multidão que tinha vindo para assistir ao espetáculo, vendo o que acontecera, retirou-se comovida (transformada), batendo no peito" (Lc 23,48). Lucas concebe a ação redentora e libertadora da morte de Jesus de modo que os que a veem entram em contato com seu próprio núcleo divino e voltam para casa transformados. O primeiro a ser transformado pela morte de Jesus é o comandante romano. E ele glorifica a Deus ao enaltecer Jesus como o homem verdadeiramente justo. Para os gregos, Deus é glorificado pelas pessoas que vivem segundo a sua imagem. Uma doutrina essencial de Platão trata das "ideias": O ser humano é uma ideia de Deus. No entanto, muitas vezes, ocultamos e turvamos essa ideia. Em Jesus, torna-se visível a ideia pura de Deus quanto a um ser humano justo. Desse modo, a morte de Jesus é a promessa de que, ao vermos e meditarmos sobre o destino de Jesus – de forma semelhante aos filósofos gregos –, também nos tornamos justos, orientados para Deus e purificados de todas as turvações que obscurecem a imagem genuína e original, a ideia original de Deus em nós.

Ao lermos o Evangelho de Lucas sob o pano de fundo da filosofia grega, identificamos em muitas passagens a teologia peculiar de Lucas e, assim, compreendemos seu texto de outra maneira. Ele se torna o nosso Evangelho pessoal, que se dirige ao nosso coração. Lucas é um excelente narrador, que quer abrir nosso coração para Jesus.

Com certeza, é preciso uma introdução à maneira de pensar dos gregos, para identificar a teologia humanitária por detrás desse texto. Nem todos conseguem ler a Bíblia dessa forma. Porém, para mim pessoalmente, é uma boa forma de lê-la. Eu nunca chego ao fim da minha leitura e meditação. Repetidamente, descubro novos aspectos. Particularmente no Evangelho de Lucas constato repetidamente novas ressonâncias na filosofia grega. E, desse modo, identifico Jesus como aquele que personifica em si a sabedoria do mundo inteiro e nos revela, não só através de suas palavras, mas também de seu caminho, que nossa vida pode ser bem-sucedida.

No último evangelho do Novo Testamento, o **Evangelho de João**, encontram-se bem menos narrativas. Ele se caracteriza, antes, pelos inúmeros diálogos em que Jesus se envolve. Ele fala com Nicodemos, com a samaritana, com os judeus, que não o entendem, com Maria e Marta e com seus discípulos nos chamados discursos de despedida. Diálogos são, segundo João, a maneira de formular algumas dúvidas. Aqui aparecem, por exemplo, "os judeus" como símbolo para as pessoas que, exatamente como eles, duvidam que no ser humano Jesus se torna visível a glória de Deus, que o amor de Deus alcança sua consumação justamente na morte de Jesus e resplandece em toda a sua beleza num lugar que, exteriormente, é um local de violência e brutalidade. Com os judeus se faz referência, portanto, a nós, leitores e leitoras, que expressamos nossas dúvidas no diálogo com Jesus, mas ao mesmo tempo somos guiados por Jesus sempre mais profundamente para o interior do mistério de que, em Jesus, Deus se tornou ser humano.

O Evangelho de João é também um evangelho místico, que, por meio das palavras de Jesus, quer nos introduzir de maneira sempre mais profunda na experiência de Deus, que é amor e que, com seu amor, coloca as pessoas, afastadas de si, em contato com a vida divina que está nelas, mas que elas negam constantemente. Esse amor se torna visível não só nas palavras de Jesus, mas ele tem seu ponto alto na cruz, que João concebe como consumação do amor : "Ninguém tem maior amor do que aquele que dá a vida por seus amigos" (Jo 15,13).

Para abordar o Evangelho de João, o método da *lectio divina* é adequado: Eu saboreio as palavras de Jesus, que, às vezes, são enigmáticas. Elas querem me introduzir na vida eterna, que já está em mim e que não pode ser destruída pela morte. É nesse sentido que se deve entender a palavra que Jesus diz para Marta e, com isso, para nós todos: "Eu sou a ressurreição e a vida. Quem crê em mim, ainda que esteja morto, viverá. E quem vive e crê em mim jamais morrerá" (Jo 11,25s.). O objetivo da encarnação e o objetivo do caminho de Jesus da morte até a ressurreição é a vida eterna, que, através da fé em Jesus, agora já está em nós. Isso também fica nítido em outra palavra de Jesus: "Deus amou tanto o mundo que entregou seu Filho único, para que todo aquele que nele crer não morra mas tenha a vida eterna" (Jo 3,16). Deus nos presenteou seu Filho, para não perdermos a nós mesmos, para não deixarmos de viver nossa vida, mas para encontrarmos a vida verdadeira, a vida eterna, que agora já tem uma qualidade que realiza nosso anseio mais profundo, e que não pode ser tirada de nós nem pela morte.

O método da interpretação teológica da Escritura se refere, portanto, sobretudo ao método histórico-redacional da exegese histórico-crítica: Quem escreveu o texto, com que intenção e em que contexto histórico? Além disso, porém, a interpretação teológica da Escritura busca continuar desenvolvendo, de forma sistemática, os diversos enunciados da Escritura. Nisso fica nítido que não se pode limitar os enunciados da Bíblia a uma dogmática estreita. Pois a Bíblia olha a partir de diversos ângulos para a ação de Deus e de Jesus. No entanto, é legítimo examinar teologicamente os diferentes enunciados da Bíblia. A questão que guia a interpretação teológica é, portanto: O que a Bíblia diz sobre Deus e sua ação, sobre a figura de Jesus Cristo e sobre a salvação através de Cristo? Como a Bíblia compreende o Espírito Santo? Como ela compreende o ser humano e, sobretudo, o ser humano salvo por Cristo?

Sugestões de leitura da Bíblia hoje

Para identificar a teologia de cada um dos evangelistas e compreender seus respectivos pontos de vista é útil ler um evangelho do início ao fim. Em todo comentário bíblico encontra-se também uma breve introdução ao evangelho específico. Essa pode auxiliar a compreendê-lo melhor. Tente, em seguida, ler o evangelho capítulo por capítulo e se perguntar: Como Marcos compreende Jesus? Como Lucas e Mateus compreendem Jesus? E que teologia identifico no Evangelho de João? Se quiser, você pode comparar alguns textos: Como, por exemplo, Marcos relata a morte de Jesus na cruz, como Lucas e João a narram? Que teologia se encontra em cada relato? Como eles narram a história da Páscoa? Ou como Mateus e Lucas compreendem o nascimento de Jesus a partir de Maria? A história se encontra em ambos os evangelhos, mas eles a consideram, cada qual, a partir de uma perspectiva diferente.

Talvez você fique curioso para conhecer os diversos pontos de vista. Talvez você goste especialmente de um evangelho em parcitular e assuma esse ponto de vista, sem excluir os outros. No entanto, esse tipo de interpretação teológica da Bíblia o liberta da obrigação de desenvolver uma teologia uniforme em que não existam mais "arestas". A Bíblia lhe dá a permissão de interpretar e compreender o mistério de Jesus de diversas maneiras. Isso lhe dá liberdade e amplidão interior.

Como exemplo da interpretação teológica da Escritura, você pode comparar e meditar sobre as palavras de Jesus na cruz que constam em cada um dos evangelhos. Em Marcos e Mateus Ele clama em voz alta: "Meu Deus, meu Deus, por que me abandonaste?" Pode-se desenvolver daí uma teologia específica do abandono de Jesus. Seria possível, no entanto, como fazem alguns exegetas, compreender essas palavras como o primeiro versículo do Sl 22. Mateus iniciou essas palavras de Jesus com uma expressão que sugere: Ele recitou o salmo. O salmo do Antigo Testamento expressa o abandono e o sofrimento de Jesus, mas ele desemboca aqui na confiança no auxílio de Deus: "Vós, que temeis o Senhor, louvai-o! ... Porque Ele não desprezou nem desdenhou o aflito em sua aflição, nem lhe ocultou sua face, mas ouviu-o, quando lhe gritou por socorro. De ti vem meu louvor na grande assembleia" (Sl 22,24-26). Ao lermos todo o salmo com a ideia de que Jesus o rezou na cruz, sentimos que, nessa situação desesperadora, o próprio Jesus falou abertamente com seu Pai celestial e que, apesar de todo sofrimento, esperou não vir a cair para fora das bondosas mãos de Deus.

Lucas, por sua vez, menciona três breves palavras de Jesus na cruz. A primeira e a última palavra são orações. Nelas se torna visível a teologia de Lucas: Jesus é o ser humano que reza, que inclusive morre rezando. Antes de tudo, ele apresenta Jesus fazendo uma prece pelos seus assassinos: "Pai, perdoa-lhes porque não sabem o que fazem" (Lc 23,34). Se Jesus reza pelos seus assassinos, também nós podemos confiar que não há nada em nós que não possa ser perdoado.

A segunda palavra é uma promessa para o ladrão que está a sua direita: "Eu te asseguro: ainda hoje estarás comigo no paraíso" (Lc 23,43). É uma palavra que nos dá esperança: Ainda que nós, assim como o malfeitor à direita de Jesus, não possamos apresentar nada mais que uma vida desastrosa, Jesus promete que nos acolherá em seu Reino, no paraíso, se, arrependidos, nos convertermos a Ele. Nessas palavras, torna-se visível, por assim dizer, o significado teológico da cruz: Ela nos transmite o amor de Deus, que é mais forte do que a nossa culpa e nos liverta dos nossos sentimentos de culpa.

A terceira fala transforma a morte num ato confiante de deixar-se cair nos bondosos braços de Deus: "Pai, em tuas mãos entrego o meu espírito" (Lc 23,46). Lucas cita aqui não o Sl 22, mas o Sl 31 do Antigo Testamento. Trata-se do Salmo que o judeu piedoso reza à noite. Ao passo que os judeus proferiam essas palavras como oração da noite no templo, Jesus a rezou na cruz. A palavra tira da morte o horror. Exteriormente, observa-se Jesus sendo morto. No entanto, Ele transforma sua morte num ato confiante de entrega a Deus.

João menciona três sentenças bem distintas que Jesus pronunciou na cruz. Nelas fica evidente a teologia de João. Em primeiro lugar, Jesus se dirige a sua mãe: "Mulher, aí está o teu filho!" E ao irmão mais novo Ele disse: "Aí está a tua mãe!" (Jo 19,26s.). Sob a cruz, Jesus une os opostos: mãe e filho, mulher e homem, jovem e idoso. Seria possível ampliar ainda mais essa reconciliação dos opostos: Na cruz, Jesus reconcilia luz e escuridão, céu e terra, medo e confiança, amor e agressão. A cruz abrange tudo e une tudo o que até agora estava separado. Para João, é um sinal de salvação universal, que o mundo dilacerado se una entre si. Então, João prossegue: "Em seguida, sabendo que tudo estava consumado e para se cumprir plenamente a Escritura, Jesus disse: Tenho sede" (Jo 19,28). Essa passagem se refere ao êxodo dos israelitas do Egito: Em sua travessia pelo deserto, eles chegam a Mara. Ali encontram água, mas não podem bebê-la, pois é água amarga (Ex 15,22-25). Os soldados colocam uma esponja com vinagre em uma vara e Jesus toma o amargo vinagre. Ele bebe na cruz nosso amargor, nossa amargura, que frequentemente se manifesta em nós porque a vida não realiza nossas expectativas. E Ele transforma nosso amargor, através de seu amor, em doçura. Através dessa transformação, torna-se visível o significado teológico da cruz: Na cruz, consuma-se o amor de Jesus; nela Ele nos ama até a consumação. Por isso é que Jesus diz após tomar o vinagre: "Tudo está consumado" (Jo 19,30). É uma citação do último versículo do Sl 22. Seria possível dizer que a transformação do abandono em amor, expressa nesse salmo, torna-se visível aqui. No entanto, também se pode dizer: O amor de Jesus se consuma na cruz. E essa consumação é, para João, ao mesmo tempo, a glorificação de Jesus. Embora isso, exteriormente, pareça ser justamente o contrário, na cruz Jesus é glorificado por Deus, porque o amor vence o ódio do mundo. Desse modo, a glória de Deus se torna visível na cruz, que é mais forte que toda a maldade humana.

Quando se medita sobre o que Jesus diz na cruz de acordo com os respectivos textos fica evidente que cada evangelista interpreta de modo diferente a morte de Jesus. Não precisamos discutir sobre o que Jesus disse ou não disse. Podemos apenas compreender por que os evangelistas singulares citam justamente essas palavras de Jesus. Desse modo, eles evidenciam sua teologia. Eles indicam claramente que cada um considera e interpreta sua morte a partir de um ponto de vista diferente. Sua teologia é diversa e, nessa diversidade, refere-se ao mesmo mistério, do qual podemos nos aproximar adequadamente apenas a partir de diversos ângulos.

4

Interpretação eclesial

Os antigos Padres da Igreja interpretaram a Bíblia frequentemente em sentido místico. Com isso, tinham em vista sempre o ser humano individual. Muitas vezes, eles também interpretaram os textos em sentido eclesial. Nesse caso, tinham em mente a Igreja como comunidade. Nesse enfoque, sobretudo as parábolas de Jesus enunciavam algo sobre a Igreja. Quando os Padres da Igreja falam da Igreja, eles não têm em vista a instituição hierárquica, nem o aparato de poder, mas a comunidade dos fiéis.

O evangelista Lucas, que deve ser considerado também o autor dos Atos dos Apóstolos, delineia um quadro fascinante da Igreja: "A multidão dos fiéis era um só coração e uma só alma. Ninguém considerava propriedade sua o que pussuía. Tudo entre eles era comum. Com grande eficácia os apóstolos davam testemunho da ressurreição do Senhor Jesus e todos os fiéis gozavam de grande estima" (At 4,32s.). "Um coração e uma alma", isso corresponde ao ideal da filosofia grega de "tornar-se um" [*Einswerden*]. Para Lucas, a Igreja, a comunidade dos fiéis, era a comprovação de que o Reino de Deus havia chegado. Para os primeiros cristãos, parecia um milagre que judeus e pagãos, pobres e ricos, velhos e jovens formem conjuntamente uma tal comunidade, que, além disso, era amada por todo o povo. Uma experiência fascinante: Ser Igreja de Jesus Cristo, uma comunidade em que o próprio Jesus é o Senhor, em que o próprio Jesus une as pessoas umas com as outras.

Por isso, pode-se entender que os Padres da Igreja tenham interpretado eclesialmente muitas parábolas. Elas correspondem ao propósito fundamental de Jesus, pois o que Ele conta nas parábolas era uma imagem do Reino de Deus, que, na verdade, Ele não identifica com a Igreja, mas que se tornou perfeitamente visível na comunidade dos cristãos. Muitas parábolas começam com a frase: "O reino dos céus é semelhante a..." Isso pode ser interpretado de diversas formas. Seria possível dizer: "Quando Deus governa no ser humano, então é semelhante a..." Ou se pode pensar no seguinte: "Quando o Reino de Deus se torna visível neste mundo, quando o Reino de Deus se revela na comunidade das pessoas, então é semelhante a..."

Assim, quero interpretar algumas parábolas nesse sentido eclesial. Ao mesmo tempo, deveríamos sempre levar em conta, porém, que essas narrativas não são unidimensionais, mas são muito abertas em sua linguagem. Por isso, num capítulo posterior, interpretarei essas mesmas parábolas, num sentido pessoal e existencial, com foco no indivíduo.

Há a parábola do joio em meio ao trigo (Mt 13,24-30). Jesus começa aqui assim como em muitas outras passagens: "O Reino de Deus é semelhante a um homem que semeou boa semente em seu campo" (Mt 13,24). No entanto, aí veio o inimigo e, durante a noite, semeou joio. Os servos teriam preferido logo tirá-lo. Porém, o senhor diz: "Não, para que não aconteça que, ao arrancar o joio, arranqueis também o trigo. Deixai que os dois cresçam juntos até a colheita" (Mt 13,29s.). Seria possível interpretar a parábola no sentido de que aqui Jesus fala contra os representantes de uma igreja pura. Seria, nesse caso, uma resposta à comunidade dos essênios, a qual já mencionei anteriormente, que viviam um rigorismo que desconhecia o perdão diante das falhas. Temos o mesmo fenômeno hoje em algumas comunidades eclesiais mais recentes que, por um lado, buscam viver conscientemente a fé e, por outro lado, são impiedosas com todos os que não observam as normas estabelecidas.

Jesus diz: A Igreja não é uma comunidade de pessoas perfeitas e isentas de falhas. Ela sempre é mesclada. Em nós mesmos encontramos também o anseio por uma Igreja isenta de falhas. E sempre ficamos decepcionados quando vemos que muitos cristãos são fracos e falhos. Jesus quer nos dizer: Não nos cabe julgar e excluir. O julgamento está nas mãos de Deus. Deveríamos reconhecer com toda a humildade que nós mesmos não somos apenas "trigo", que em nós também cresce "joio". Por isso, deveríamos ser misericordiosos com nossos semelhantes e com os membros da comunidade que, aos nossos olhos, não são perfeitos.

Também a parábola do grão de mostarda pode ser interpretada em sentido eclesial. A semente que Jesus e seus discípulos semeiam com sua boa-nova parece tão pequena como um grão de mostarda e a Igreja parece quase imperceptível no mundo. Para a comunidade da fase inicial da Igreja, a parábola é uma imagem de que esse pequeno grupo de seguidores, tão insignificante no vasto mundo do Império Romano, se converterá numa árvore que será visível no mundo inteiro e que o moldará. Também hoje o mundo parece ser governado por forças completamente diferentes. E a Igreja quase não tem importância. No entanto, Jesus promete para a Igreja que o pequeno grão de mostarda crescerá, e então "é a maior das hortaliças e torna-se uma árvore, de modo que em seus ramos os passarinhos vêm fazer ninhos" (Mt 13,32). Essa também pode ser uma imagem para a Igreja: Ela se tornará uma árvore sob a qual não só podem se reunir muitos fiéis, mas em cujos ramos os pássaros do céu fazem seus ninhos. Essa pode ser uma imagem de que nessa Igreja, de repente, muitos artistas encontram seu espaço e expressam a beleza de Deus na música ou também na arquitetura e na pintura. Então, a Igreja se tornará um lugar em que se pode experimentar algo da beleza do céu, em que as pessoas vivem no Espírito de Jesus e, desse modo, transformam o mundo inteiro. A transformação do mundo se torna visível na maneira de convívio dos cristãos, bem como na cultura que eles criam a partir do Espírito de Jesus e com a qual também os não cristãos podem se alegrar.

Quero interpretar em sentido eclesial também a parábola do banquete narrada por Mateus e Lucas, cada qual de forma um pouco distinta. Atenho-me a Lc 14,15-24. Para o banquete, um homem convidou muitas pessoas. Porém, elas se desculpam: um comprou um campo, o outro cinco juntas de boi, o terceiro acabou de se casar. As condições externas são, portanto, mais importantes do que o convite para a ceia conjunta. Isso não se refere simplesmente à celebração eucarística para a qual todos se reúnem. É, antes, uma imagem da comunidade eclesial para a qual Jesus convoca as pessoas. Na parábola, o senhor envia, em seguida, os seus servos com a incumbência: "Sai depressa pelas praças e ruas da cidade e traze aqui os pobres, os aleijados, os cegos e os coxos" (Lc 14,21). Seria possível interpretar isso historicamente da seguinte maneira: Jesus se dirigiu, em primeiro lugar, aos judeus, que tinham alguma importância em Israel. Uma vez que eles não seguiram sua mensagem, Ele se voltou para os pobres. Eles vieram com prazer ao banquete. Segundo a parábola, porém, o salão ainda não está cheio. E, assim, o senhor envia novamente seus servos: "Sai pelos caminhos e atalhos e força as pessoas a entrar, para que minha casa fique cheia" (Lc 14,23). Jesus sai do círculo estreito do povo judeu e convida também os outros povos e nações que se encontram fora da cidade a aceitarem a fé e a virem à Igreja. A Igreja está aberta para todas as pessoas.

Infelizmente, muitos teólogos e intelectuais no século XVI compreenderam as palavras "força as pessoas a entrar" (*compelle intrare*), no contexto da missão dos países e continentes recém-descobertos, num sentido que certamente contradiz o Espírito de Jesus. A partir das palavras de Jesus, elas inferiram o direito de conduzir as pessoas à Igreja pela força. Esse exemplo revela que a Igreja tem que meditar de maneira sempre renovada sobre a palavras de Jesus, a fim de não interpretá-las contra Jesus, mas em seu sentido. O texto da Bíblia significa que todas as pessoas são convidadas a experimentar a proximidade salutar de Deus na Igreja, inclusive as que estão à margem da sociedade.

Sugestões de leitura da Bíblia hoje

Muitas parábolas são imagens do Reino de Deus, o qual não é idêntico à Igreja, mas quer se tornar visível nela. No entanto, também outras histórias bíblicas podem ser imagens da

Igreja: por exemplo, o barco em que estavam, temerosos, os discípulos, quando ele foi atingido por uma tempestade. Assim, a Igreja é como esse barco que, seguidamente, abre caminho através das tempestades deste mundo, através das guerras e perseguições.

Quero tomar como exemplo a interpretação eclesial da parábola de Jesus sobre a viúva e o juiz iníquo, relatada por Lucas (Lc 18,1-8): A cidade com o juiz iníquo pode ser uma imagem do mundo em que estava inserida a Igreja à época do surgimento do Evangelho de Lucas. Naquela época, ainda não havia perseguições aos cristãos. No entanto, a Igreja não tinha nenhum *lobby* na sociedade. As autoridades estatais não defendiam os cristãos quando importunados ou tratados injustamente pelas outras pessoas. Pode-se ver isso, porém, como a descrição de uma situação de nosso mundo: Também hoje, a Igreja é frequentemente pressionada. Ela é criticada com frequência pelos meios de comunicação. Os seus lados-sombra são colocados no centro das atenções e ela é atacada. A questão é como a Igreja deve se comportar neste mundo hostil.

Jesus fala da viúva que, obstinadamente, vai todos os dias ao juiz iníquo e lhe solicita: "Faze-me justiça contra o meu adversário!" No entanto, o juiz não tem a menor vontade de ajudar essa viúva insignificante. Ele não se interessa por Deus e pela sua justiça nem tem consideração pelas pessoas. Ele apenas gira em torno do seu próprio poder. No entanto, porque a viúva é tão obstinada, ele reflete o seguinte: "Embora eu não tema a Deus e não respeite ninguém, vou fazer-lhe justiça, porque esta viúva está me aborrecendo. Talvez assim ela pare de me incomodar" (Lc 18,4s.). No texto grego consta, na verdade: "do contrário, ela me deixará com o olho roxo". O juiz não quer andar por aí com um olho roxo. Portanto, ele ajuda a viúva que, na realidade, tem pouca possibilidade de alcançar seu direito. Jesus toma o comportamento do juiz iníquo como ensejo para exortar o cristão a "orar sempre, sem nunca desanimar" (Lc 18,1). Pois: "E Deus não fará justiça a seus eleitos, que clamam por Ele dia e noite, mesmo quando os fizer esperar?" (Lc 18,7). A Igreja não deve trilhar o caminho que passa pelos tribunais deste mundo. Antes, ela encontra sua identidade na oração. Ao orar, a Igreja fica sabendo, a partir de Deus, do seu direito. Isso não significa que ela recebe mais direitos seculares na sociedade. O direito é, em vez disso, uma imagem: A Igreja encontra a sua identidade ao orar. Na oração, a Igreja vivencia que o mundo, em última instância, não tem nenhum poder sobre ela. Ela vivencia na oração uma comunhão profunda entre os cristãos e com Deus. E essa experiência da oração permite que ela viva em meio a um mundo hostil, sem temer a hostilidade. Na oração, ela sente a proximidade curativa de Deus e essa lhe é mais importante do que todas as outras coisas.

Desse modo, nessa parábola se encontra também uma mensagem para nós, hoje, como Igreja. Nós não devemos, por intermédio das autoridades públicas, lutar por mais direitos. Antes, devemos refletir sobre nossa própria identidade: a comunidade em oração. Quando a Igreja ora, ela tem sua razão de ser neste mundo. As outras pessoas gostam de rir disso. No entanto, na oração conjunta, nas missas conjuntas, ela experimenta, em meio a esse mundo turbulento e hostil, outro mundo, um mundo alternativo em que Deus pode ser vivenciado. E onde se vivencia a presença curativa e libertadora de Deus, o mundo não tem nenhum poder sobre a Igreja. Ao contrário, então a Igreja se torna uma bênção para o mundo. Max Horkheimer, o filósofo judeu e celebridade da geração de 1968, diria isso mais ou menos nos seguintes termos: "A Igreja com sua oração mantém desperto o anseio pelo totalmente outro neste mundo. E, com isso, ela dá uma importante contribuição para a humanização da sociedade. Pois a sociedade tem, intrinsecamente, traços totalitários. Ela quer o cidadão transparente. Ela quer o acesso total ao cidadão. A Igreja é o espaço da liberdade, em que podemos respirar, em que não nos tornamos um número, mas experimentamos nossa dignidade singular perante Deus".

5

Interpretação na perspectiva da psicologia profunda

A exegese bíblica na perspectiva da psicologia profunda remete ao psiquiatra suíço Carl Gustav Jung. Orientado nas ideias dele, ela foi posta em prática, sobretudo, por John Sanford, nos Estados Unidos, e Eugen Drewermann, na Alemanha. Para interpretar a Bíblia dessa forma não é preciso ter estudado psicologia profunda. É suficiente apenas saber algo sobre o efeito psicológico das imagens. C.G. Jung se refere a "imagens arquetípicas", que nos põem em contato com nosso verdadeiro si-mesmo e com as forças terapêuticas disponíveis em nossa alma. A Bíblia utiliza com frequência uma linguagem figurada e, por isso, deveríamos ter a coragem de deixar as figuras de linguagem agir em nós, independentemente de todo o conhecimento teológico e da questão de saber o que o autor do evangelho tinha em mente. Pois são imagens que tocam, de maneira imediata, a nossa alma.

Nesse caso, há ainda outra constatação da teologia profunda que desempenha um papel importante: C.G. Jung ocupou-se intensamente com sonhos. Ele conhece, por isso, uma interpretação desses sonhos no nível do objeto e no nível do sujeito. Isso significa: Quando sonhamos, por exemplo, que um homem com o qual falamos ontem está doente, então a interpretação no nível do objeto diria: O sonho nos revela nesse homem um aspecto que não percebemos na conversa de ontem. O sonho nos dá uma informação sobre esse homem. Interpretado no nível do sujeito, isso significa: O homem doente é uma imagem daquilo que está doente em nós mesmos. Uma vez que é um homem com quem sonhamos, ele nos remete, além disso, ao nosso próprio *animus*, ao nosso lado masculino, com o qual obviamente algo não está em ordem.

Esses dois tipos de interpretação dos sonhos foram aplicados por Eugen Drewermann na interpretação das passagens da Bíblia. Desse modo, podemos ver, por um lado, as histórias de cura como narrativas da ação curativa de Jesus há mais de dois mil anos. Isso é legítimo. Porém, ao mesmo tempo, podemos ver as histórias também como imagens que enunciam algo sobre nós. Nesse caso, nós somos os doentes nessas histórias. A descrição das doenças expressa algo sobre nós. E a maneira como Jesus cura os doentes reflete o processo de cura que podemos vivenciar hoje no encontro com Jesus. Podemos igualmente considerar a tempestade marítima que atingiu os discípulos como uma experiência real. Eles aprenderam a confiar em Jesus em meio à tempestade. No entanto, podemos ver a tempestade marítima também como imagem interior das tempestades íntimas que afligem a nossa alma. A fé é, então, um apoio para que, apesar do vento contrário que, às vezes, nos atinge e apesar do turbilhão que nos confunde, nós nos sintamos amparados e protegidos por Deus.

Com isso, contudo, não deveríamos considerar imagem e acontecimento como uma contraposição. A Bíblia nos relata algo que aconteceu, ou seja, a história da tempestade marítima possivelmente aconteceu dessa maneira e Jesus realmente curou pessoas fisicamente doentes. No entanto, o acontecimento sempre já é descrito em imagens, que são abertas para a nossa própria realidade. O acontecimento histórico da tempestade é descrito de modo a ser, ao mesmo tempo, uma imagem das experiências que tenho, por exemplo, no trabalho, quando tenho adversidades, ou das experiências de minha alma, quando sonhos me agitam interiormente ou quando sou atingido por turbulências, por um turbilhão com o qual eu não estou nem um pouco familiarizado. As histórias de cura me indicam como posso receber ajuda para minhas doenças corporais ou psíquicas a partir do encontro com Jesus.

Pode-se interpretar todos os textos da Bíblia no sentido da psicologia profunda. Quero aqui interpretar nesse sentido, em primeiro lugar, as parábolas que, anteriormente, interpretei no sentido eclesial. Em seguida, interpreto algumas histórias de cura dessa mesma forma, pois a interpretação no sentido da psicologia profunda é especialmente adequada justamente para esse tipo de texto.

A parábola do joio em meio ao trigo (Mt 13,24-30) pode ser também uma imagem do campo da minha alma. Em mim mesmo, há trigo e joio. Se eu quiser arrancar completamente meus erros e minhas fraquezas como o joio em meio ao trigo, arrancaria também o trigo, ou seja, minhas capacidades e meus lados bons. Portanto, nada cresceria. Pode-se entender isso como uma crítica a todas as tendências perfeccionistas que existem em nós: Quem quiser ser absolutamente isento de erros, a vida dele também não dará nenhum fruto. De tanta fixação nos próprios erros, desperdiça-se a própria energia para ser isento de erros. Porém, daí não advém nenhuma bênção. C.G. Jung se refere ao lado sombrio no ser humano. Quem quiser se livrar de sua sombra, na qual estão reunidas todas a necessidades e paixões reprimidas, priva-se também da força de suas paixões. A sombra pode nos nutrir, se lidarmos adequadamente com ela. Trata-se de integrar a sombra e não de arrancá-la. Então, nossa fé e nosso amor serão nutridos pela força da paixão. No final, Deus separará tudo que há em nós, portanto, separará o joio do trigo. No juízo que nos espera na morte, Deus nos orientará inteiramente para si mesmo. Ali todo joio cairá de nós. Ele será queimado no fogo do amor de Deus.

Algo semelhante ocorre com a parábola do grão de mostarda (Mt 13,31-32): Em nós mesmos, a semente da palavra divina é, muitas vezes, pequena e invisível. Nossa vida é cunhada por exterioridades. No entanto, a parábola quer nos dar esperança: Algum dia, a Palavra de Deus ou o anseio espiritual ou o núcleo divino em nós se desenvolverá de tal modo que seremos transformados em uma árvore, que oferece amparo para os outros e serve de refúgio para os diversos pássaros, na qual reinam a felicidade e a alegria. Outras pessoas se apoiarão em nós, porque sentem que lhes oferecemos proteção e confiança. Ao nosso redor florescerá vitalidade. Os pássaros do céu se aninharão em nossa árvore e cantarão suas canções.

A parábola do banquete (Lc 14,15-24) seria vista, na interpretação da psicologia profunda, da seguinte forma: O banquete é uma imagem do ser humano que se torna inteiro. No entanto, em nós há obstáculos e resistências contra esse caminho da individuação. Por um lado, há a posse: Quando damos muito importância ao ter, esquecemos o acesso ao nosso verdadeiro si-mesmo. As juntas de bois mencionadas na parábola são uma imagem do sucesso. C.G. Jung disse, certa vez, que o sucesso é o maior inimigo da transformação. Quem é bem-sucedido não tem necessidade de se transformar. Às vezes, inclusive a fixação na relação com os outros pode nos impedir de trilhar o nosso próprio caminho. No entanto, são justamente nossos lados fracos (o que está paralisado, atrofiado, ferido em nós) que nos abrem e rompem a blindagem que nos envolve, de modo que nós nos pomos a caminho para dentro. As pessoas fora da cidade, nas estradas rurais, representam, na parábola, tudo o que uma vez existiu na minha vida, tudo o que perdi, esqueci ou reprimi. Porém, tudo o que vivi deve ser integrado na personalidade única que sou eu. Através de tudo isso, deveria se tornar visível a imagem que Deus se fez de mim. Aqui, portanto, se delineia uma imagem otimista da individuação: Quando me ponho a caminho de me tornar inteiro, então tudo pode ser em mim, tudo é transformado, quando é integrado no verdadeiro si-mesmo, na imagem única, que Deus se fez de mim.

Quanto às histórias de cura, a interpretação da psicologia profunda quer nos convidar a levantar três questões:

A **primeira questão** é: Como se descreve a doença e até que ponto a doença física é, nesse caso, uma imagem da minha situação interior? Não sou fisicamente paralítico nem leproso ou cego. Porém, muitas vezes me sinto paralisado, quando o medo me sobrevém, me bloqueia e me trava. Também há dias em que não consigo suportar a mim mesmo, não consigo aceitar a mim mesmo. Sinto-me como um leproso. A cegueira aponta para meus pontos cegos, para os quais não quero olhar, porque não correspondem com a imagem ideal que tenho de mim.

A **segunda questão** tem o seguinte teor: Como sucede nesse caso a cura? Quais são os passos para a cura que Jesus dá? Aqui cada palavra é importante. Muitas vezes, distinguimos em cada palavra singular um passo terapêutico.

A **terceira questão** é: Como essa cura poderia suceder em mim hoje? O que eu deveria fazer para que Jesus me cure? Isso nos leva aos locais de cura. Um é, por exemplo, a meditação sobre uma história de cura. Eu imagino que sou o doente e que Jesus atua em mim. Outro local de cura é a celebração da Eucaristia. Nela, Jesus me toca corporeamente na comunhão. Nesse toque corpóreo, sua força curativa flui nas minhas feridas. Talvez escute também, enquanto seguro a hóstia em minha mão, a palavra de Jesus: "Tu estás curado do teu sofrimento", ou: "Levanta-te, pega o teu leito e anda!"

Nesse sentido, quero interpretar duas histórias de cura. Em primeiro lugar, trata-se da cura do leproso (Mc 1,40-45). À época de Jesus, os leprosos tinham que morar em áreas isoladas fora das cidades e povoados; eles eram excluídos da sociedade. Eu consigo me identificar na palavra "leproso": Não me sinto bem na minha pele, não consigo me suportar, me aceitar. E porque isso é assim, sinto-me também rejeitado e excluído pelos outros. Interpreto cada olhar do outro como rejeição e me sinto cada vez mais isolado.

Na parábola, um leproso vem a Jesus e lhe pede ajuda. Este já é o primeiro passo que posso dar: reconhecer que não consigo ajudar a mim mesmo e que preciso de ajuda. O leproso cai de joelhos diante de Jesus. Isso é expressão de sua impotência. Transpondo: Não consigo sair pelas próprias forças do círculo vicioso da rejeição própria e da rejeição alheia. O enfermo pede a Jesus: "Se quiseres, podes limpar-me" (Mc 1,40). Nesse pedido, expressa-se, por um lado, a confiança do enfermo em Jesus; por outro lado, porém, reside nessa palavra também um perigo: O doente quer que Jesus resolva o seu problema. Ele lhe transfere a responsabilidade pela cura. No entanto, Jesus não cai na armadilha. Ele não deixa que essa responsabilidade lhe seja imposta, mas faz o que está ao seu alcance. Porém, Ele também desafia o doente a transformar a sua atitude em relação a si mesmo. Jesus percorre aqui quatro passos de cura:

1. Ele tem compaixão do doente. Ele o deixa entrar em si. Ele sente com ele e não lida com ele apenas de fora.

2. Ele estende a mão, enceta uma relação com ele. Provavelmente, o doente nem sequer está em relação consigo mesmo. Isso reflete uma experiência que os terapeutas fazem com frequência: O doente conta sua aflição, mas não consegue senti-la, porque não está em relação consigo mesmo. Aqui Jesus tem que assumir como terapeuta a relação com o doente, para que este entre en relação consigo mesmo.

3. Jesus o toca. Isso não é algo fácil. Frequentemente, temos medo de nos contaminar com o toque, ou dito em termos psicológicos: receber todo o "estrume" interno, a amargura e o rancor e, com isso, se prejudicar. No entanto, Jesus está inteiramente consigo. Ele está unido com Deus e consigo mesmo. Por isso não tem nenhum receio do toque. No seu toque Ele é ativo e deixa fluir o seu amor para o doente. Desse modo, o doente entra em contato consigo mesmo.

4. Jesus diz a palavra de cura: "Eu quero, fica limpo!" Isso significa: "Eu te aceito como és. Mas agora tua tarefa é dizer sim para ti mesmo, aceitar a ti mesmo".

A cura nunca é apenas um "encanto" exterior. Ela ocorre sempre no encontro. E encontro significa também que eu encontro a mim mesmo, a minha verdade. Quando, no encontro com Jesus, vejo minha própria verdade, isso me desafia a me despedir das ilusões que tenho a respeito de mim mesmo. Muitas pessoas querem aceitar a si mesmas, querem estar em harmonia consigo mesmas. Porém, elas não estão dispostas a lamentar que não são tão ideais, tão perfeitas, como gostariam de ser. O lamento de minha mediocridade e a despedida de minhas ilusões é o que Jesus pede no encontro comigo. Quando não estou disposto a me deixar transformar por Ele, todas as palavras e orações piedosas não me curarão.

Essa história pode ter relevância também na comunhão durante a missa: Posso imaginar que, na hóstia que seguro na mão e, em seguida, recebo em mim, Jesus me diz a seguinte mensagem: "Eu quero que tu sejas puro! Aceito-te inteiramente, torno-me um contigo. Agora torna-te um também contigo, esteja de acordo com tua vida, de acordo com tudo o que existe em ti. Então, te sentirás puro. Então, tu estarás em harmonia contigo". Quando bebo do cálice, posso imaginar que o amor de Jesus entra em mim, que ele permeia todos os filamentos do meu corpo e os compartimentos escuros da minha alma. Então, não posso senão me tornar um comigo mesmo. Pois por toda a parte encontro em mim esse amor de Jesus.

Como segunda história de cura, quero abordar a ressurreição da filha de Jairo e a cura da mulher com fluxo de sangue (Mc 5,21-43). Podemos compreender a ressurreição como uma história de relação, como cura da relação entre pai e filha. Alguns ponderam que essa seria uma leitura inserida na história. Claro que não sabemos o que exatamente Marcos tinha em mente na narrativa. Isso também não é importante. O texto existe dessa forma. E nós temos o direito de colocá-lo em diálogo com nossa vida. Aí se oferece a oportunidade de enxergar nessa história a relação pessoal com o pai e os efeitos em nossa vida, por um lado, em nós, como criança (a menina de doze anos) e, por outro lado, em nós, como mulher adulta.

Quando interpreto a história como história de relação, posso imaginar que a menina não era suficientemente vista pelo pai, um dos principais da sinagoga. O anseio original de toda criança é ser vista pelo pai. Quando não são suficientemente vistas, elas se esforçam em chamar a atenção do pai: por meio de desempenho, de adaptação e de gozar de simpatia ou de contestação. No entanto, pelo visto, todo esse esforço não surtiu efeito. A filha não consegue continuar a viver. Ela adoece. O primeiro passo para a cura reside no fato de que o pai reconhece que ele não pode ser o terapeuta da sua filha. Ele tem que recorrer a outra pessoa. Jesus vai com ele. Quando eles estavam a caminho, as pessoas dizem para Jairo: "Tua filha morreu. Para que continuar incomodando o Mestre?" (Mc 5,35). Jesus diz ao pai: "Não tenhas medo! Basta crer!" Seria possível dizer que nessa palavra sucede a cura do pai. Jesus não faz nenhuma recriminação. Ele não diz que o pai é culpado pela doença da filha. É simplesmente uma relação infeliz que provocou a aflição de ambos: pai e filha. O pai teme, manifestamente, pela sua filha. E esse temor tem um impacto negativo sobre ela. Jesus transforma o pai ao encorajá-lo a confiar. Então Jesus vai até a filha que está deitada como morta sobre a cama: "Pegou-lhe a mão e disse: *Talitá cumi*, o que quer dizer: Menina, eu te ordeno, levanta-te!" (Mc 5,41). Jesus fortalece a menina. Ele lhe dá sua energia paterna e a ergue. Então, Jesus diz que se devia dar algo de comer à menina, portanto, fortalecer sua vitalidade. Ela deve sentir a si mesma, aprender a desfrutar a vida, independentemente de que o pai a veja ou não. Nesse encontro sucede a cura da filha. Ela aprende a ficar de pé por conta própria e sentir-se a si mesma, sem a obrigação de ser vista constantemente pelo pai.

Nessa história, Marcos incluiu ainda a cura da mulher com fluxo de sangue. Ele vincula as duas histórias com o número doze: A menina tem doze anos, a mulher sofre desde os doze anos de fluxo de sangue. Seria possível dizer, portanto: A mulher revela o impacto das feridas paternas na idade adulta. Ela dá todo seu sangue, toda sua força. Ela se esgota, ela dá muito porque muito precisa: atenção, reconhecimento, amor. Ela dá todos os seus bens aos médicos e quer receber, pelo menos, a atenção deles. Bens também podem ser uma imagem das próprias capacidades: Eu me esforço, na profissão dou tudo o que posso para ser visto. No entanto, quando eu dou porque preciso, sempre saio prejudicado. Na parábola, a mulher se esgotou completamente. Agora ela encontra Jesus. Ela não tem mais nada para lhe dar. O primeiro passo rumo à cura sucede quando a mulher pega algo para si: a ponta das vestes de Jesus. Ela faz isso em segredo, ela não se arrisca a assumir que não tem mais nada para dar, mas que precisa pegar algo. Porém, Jesus sente que emana força dela. E assim Ele pergunta: "Quem tocou minhas vestes?" (Mc 5,30). Agora a mulher tinha que dizer toda a verdade diante de todos. Isso era desagradável. Pois os homens se tornavam impuros através do contato com uma mulher com fluxo de sangue e tinham que se submeter a rigorosas purificações. No entanto, o carisma de Jesus possibilitou à mulher dizer toda a verdade. Agora ela experimenta real atenção. Jesus lhe diz:

"Filha, a tua fé te curou. Vai em paz e fica curada desse sofrimento" (Mc 5,34). Agora ela é vista por Jesus como filha. Jesus lhe dá três respostas afirmativas:

1. Ele aborda a sua fé e a enaltece por isso. A fé a tornou saudável. Ou, como também se pode traduzir: A fé a ajudou a encontrar seu verdadeiro si-mesmo, a fez inteira.

2. Jesus lhe deseja paz: que ela agora pode viver em harmonia consigo mesma e não depende mais do consentimento dos outros.

3. Ele lhe diz que ela está curada: "Fica curada!" A palavra provoca a sua cura. Também se poderia dizer: Confia no saudável em ti. Confia em tua própria força. Não te tornes dependente do consentimento dos outros.

O que essa história de cura nos relata pode ser vivenciado corporalmente na Eucaristia. Aí estendemos nossa mão para Jesus. Quem sabe ler as mãos consegue ver nelas toda a verdade de uma pessoa. Nós estendemos a Jesus nossa verdade de forma aberta. E experimentamos, ao mesmo tempo, que Ele nos aceita com tudo o que somos. Chegamos a Jesus, muitas vezes, como a mulher com fluxo de sangue: Nós também estamos esgotados, exauridos, demos em demasia, porque precisávamos muito. Na Eucaristia não precisamos dar nada. Aí podemos receber o que Jesus nos oferece: seu amor incondicional, seu toque carinhoso, suas palavras encorajadoras.

Esses são dois exemplos de interpretação das histórias de cura. Você não precisa consultar um comentário bíblico nem homilias ou livros sobre o que consta ali a respeito dessas histórias. Confie em sua própria fantasia. Entre em diálogo com o texto bíblico. Converse com sua doença, com seus ferimentos, com suas humilhações e com a história. Então, o significado da história se abrirá para você mesmo. Todos temos pontos cegos, sofremos bloqueios e paralisias, às vezes não conseguimos nos aceitar. Também conhecemos a possessão, ou seja, somos possuídos por demônios, por espíritos que turvam nosso pensamento, por compulsões interiores, por falsas autoimagens e imagens divinas doentias.

Além disso, podemos nos reencontrar nas histórias de relação do Novo Testamento: na história do pai e da filha (Mc 5,21-43), da mãe e da filha (Mc 7,24-30), do pai e do filho (Mc 9,14-29) e mãe e filho (Lc 7,11-17). Assim, essas histórias nos ajudam a olhar para a nossa própria história de vida e a deixar que seja curada no encontro com Jesus.

Sugestões de leitura da Bíblia hoje

Quero convidar-lhe a examinar agora, no sentido da psicologia profunda, a parábola do juiz iníquo e da viúva, que anteriormente interpretamos em sentido eclesial. Nesse processo, a interpretação da psicologia profunda apresenta duas variantes diferentes. A primeira interpretação considera a mulher como imagem de uma pessoa que não consegue se diferenciar. Ela perdeu o seu marido. Seria possível afirmar que ela deixou de ter *animus*, com o qual ela pode se defender contra as violações de fora. Ela representa homens e mulheres que relacionam consigo tudo o que lhes sobrevém de fora e logo se sentem feridas e rejeitadas. Talvez elas consigam se reencontrar nessa viúva, quando reagem de maneira igualmente sensível a palavras e olhares críticos. No entanto, Jesus diz que essa viúva luta pelo seu direito. Ela não desiste de si – e tem êxito.

Essa persistência pode ser entendida literalmente: Devemos lutar porque temos direito à nossa vida, porque podemos andar eretos durante a nossa vida. Devemos nos defender contra tudo que nos fere a partir de fora. Porém, a forma verdadeira de obter direito à vida é, para Jesus, a oração. Ele não compreende isso de maneira meramente exterior, por exemplo, no seguinte sentido: quando rezamos, Deus nos concede direito em relação a todas as tribulações exteriores, então Deus age, por exemplo, silenciando os críticos. A oração deve ser compreendida de outra maneira aqui. Na oração, entramos em contato com o espaço interior da quietude em nós, no qual o próprio Deus habita em nós. Nele vivenciamos o direito à vida; nele ninguém pode nos ferir. Nesse espaço interior do silêncio não penetram os comentários negativos das pessoas nem sua rejeição e suas maldades. Aí somos livres, somos inteiramente nós mesmos. Aí experimentamos o direito à vida.

No entanto, podemos interpretar a parábola ainda de outra maneira, com base na interpretação dos sonhos no nível do sujeito. Nesse caso, a viúva, o juiz e o inimigo são imagens de nós mesmos. A psicologia profunda interpreta as imagens da Bíblia de maneira semelhante às dos contos. Nos contos, a mulher simboliza, frequentemente, a alma. Ela, por outro lado, é uma imagem das nossas intuições interiores de que temos uma dignidade divina, de que nossa alma tem um brilho dourado. Nossa alma é importunada pelos inimigos. Inimigos podem ser padrões de vida, lados neuróticos, ideias compulsivas, temores exagerados que nos afetam. O juiz simboliza, então, o superego interior, as vozes que ouvimos em nós. Essas vozes frequentemente subestimadas nos dizem: "O que pensas a teu respeito, que és valioso e único, que o amor de Deus habita em ti, isso são tudo ilusões. A vida é sóbria. Tu és fraco e desamparado. Tu nunca terás sucesso na vida. A vida não te reserva mais do que tu tens no momento". Essas vozes nos desencorajam, elas nos empurram para baixo. No entanto, na parábola Jesus quer nos dizer: "A oração dá direito à tua alma. Quando tu oras, sentes que todas as grandes intuições a teu respeito estão certas. Ou seja, que és filho ou filha de Deus, que o amor de Deus habita em ti, isso não são disparates, isso é a tua realidade mais profunda". Jesus nos encoraja, portanto, a confiar nas intuições interiores de nossa alma. A oração é o momento em que a alma obtém direito, onde ela sente: O que eu sinto no íntimo não é uma ilusão, mas a verdade. Jesus nos convida a olhar para nós com seu olhar cheio de confiança e esperança.

Independentemente do texto que você queira interpretar com base na psicologia profunda, confie simplesmente na sua alma, confie nas imagens que surgem nela quando você lê e estuda o texto bíblico. Liberte-se da obrigação de ter que interpretar o texto de maneira teologicamente correta. Interpretação sempre é diálogo entre a nossa alma e o texto. E quando reconhecemos as imagens do texto, elas se afigurarão em nós de maneira curativa. Elas nos farão bem. Nós descobriremos as possibilidades que Deus nos deu e podemos pensar para nós algo maior do que o nosso superego permite. O superego nos desvaloriza com frequência. Jesus nos valoriza. Ele abre nossos olhos para o verdadeiro mistério de nossa vida, que podemos viver com Cristo e em Cristo.

6

Interpretação teológico-libertadora

A teologia da libertação, desenvolvida sobretudo na América Latina, tem como ponto de partida a chamada opção pelos pobres. Ou seja, ela olha para a Bíblia principalmente a partir da perspectiva das pessoas que se encontram à margem da sociedade, porque são pobres, oprimidas, excluídas das oportunidades. Com isso, surgem aspectos completamente novos. Aos seus olhos, Lucas é o primeiro teólogo da libertação. O Evangelho de Lucas é uma história sobre os pobres do mundo da época, bem como do atual. Ele interpreta, por exemplo, o *Magnificat*, o Cântico de Maria, como cântico de libertação, como cântico dos pobres. Nele se encontra o versículo: "Porque olhou para a humildade de sua serva" (Lc 1,48). Muitas pessoas cantam esse cântico cheias de confiança de que Deus não as esquece, mas olha para elas. Além disso, Maria canta, em seu cântico, a subversão de todas as relações políticas e econômicas: "Ele dispersou os que se orgulham de seus planos. Derrubou os poderosos de seus tronos e exaltou os humildes. Encheu de bens os famintos e os ricos despediu de mãos vazias" (Lc 1,51-53).

Desse modo, cresce nessas pessoas a esperança de que Deus, também hoje, subverte as relações, que Ele toma o partido dos pobres e lhes dá uma oportunidade. Isso se torna manifesto na perspectiva da teologia da libertação, sobretudo na criança deitada na manjedoura. Ali muitos veem essa oportunidade, pois são justamente os pobres que reconhecem sua dignidade. Essa criança, nascida numa estrebaria, é a imagem da esperança dos pobres. Dessa criança emana luz que ilumina a escuridão, surge uma paz que não é estabelecida pela força das armas – como a paz romana –, mas pelo amor, por um amor impotente, que, no entanto, é mais forte do que todo poder político e militar. Maria permite que simples pastores lhe expliquem qual é o mistério de seu filho. Os anjos anunciaram justamente para os pobres, para os marginalizados da sociedade, a boa-nova do nascimento do salvador, do redentor, do libertador. Quando esse Jesus governa em nossos corações, os governantes deste mundo não têm a menor chance de nos intimidar com seu poder.

A teologia da libertação tem uma perspectiva bem particular de olhar para a Bíblia. Ela vê, sobretudo no Evangelho de Lucas, a confirmação de que Jesus sabe que foi enviado para os pobres. No seu primeiro discurso em Nazaré, Jesus cita o texto do profeta Isaías: "O Espírito do Senhor está sobre mim, porque Ele me ungiu para anunciar a boa-nova aos pobres" (Lc 4,18). Também em outras passagens Jesus se dirige aos pobres e os chama bem-aventurados: "Felizes sois vós, os pobres, porque vosso é o Reino de Deus" (Lc 6,20). Aqui se percebe a diferença em relação ao Evangelho de Mateus. Nele as bem-aventuranças são formuladas na terceira pessoa, como caminhos de sabedoria para uma vida bem-sucedida. Em Lucas, Jesus aborda os pobres diretamente e promete que deles é o Reino de Deus. Ele sabe que foi enviado justamente para eles. Ele quer erguê-los, anunciar-lhes uma mensagem que lhes dá autoconfiança e esperança. Quando se lê o Evangelho de Lucas e os Atos dos Apóstolos na perspectiva da teologia da libertação, algumas frases se apresentam ao leitor de maneira nova. Jesus adverte contra a avareza no exemplo do agricultor rico. Ele exorta os fariseus a dar aos pobres o que está nos pratos: "E tudo será limpo para vós" (Lc 11,41). Nosso coração não fica limpo ao nos livrarmos de todas as emoções negativas, mas ao partilharmos nossas ofertas com os pobres. Jesus não pede que os artesãos e os latifundiários abram mão de sua profissão. Porém, eles devem partilhar sua propriedade com os pobres. Essa exortação à partilha atravessa todo o Evangelho de Lucas.

Somente em Lucas ouvimos, além disso, a narrativa do rico avarento e do pobre Lázaro. Jesus toma novamente o partido dos pobres. Na morte, eles são levados pelo anjo para o seio de Deus, ao passo que o rico tem que ir para o inferno, no qual sofre dores agonizantes. O enunciado da parábola é, então, que os ricos ignoram a mensagem de Jesus e dos profetas, porque eles estão muito ocupados com o que satisfaz a sua avareza (cf. Lc 16,19-31). Ao mesmo tempo, porém, é uma exortação dirigida aos ricos, para se converterem e se libertarem do apego ao dinheiro.

A comunidade original em Jerusalém é, na narrativa de Lucas, uma comunidade que partilha tudo. Com isso, ela corresponde à imagem ideal da Igreja, na concepção da teologia da libertação: "E todos que tinham fé viviam unidos, tendo todos os bens em comum. Vendiam as propriedades e os bens e dividiam o dinheiro com todos, segundo a necessidade de cada um" (At 2,44s.). Se Lucas descreve a situação da comunidade original de forma demasiadamente idealista, como acreditam alguns exegetas, isso não é tão importante. Decisivo é o ideal que Lucas tem da comunidade cristã. Os cristãos devem viver uma nova forma de comunhão dos bens, na qual ninguém precisa passar necessidade.

A teologia da libertação nos indica que ninguém lê a Bíblia incondicionalmente. Se a opção pelos pobres nos parece ser o centro de nossa fé, ao lermos a Bíblia e, nela, sobretudo os escritos dos profetas do Antigo Testamento e os escritos de Lucas, bem como as cartas apostólicas, compreenderemos de maneira nova principalmente os textos que contam sobre a atenção de Deus aos pobres e sobre a libertação dos pobres da violência e da injustiça. É legítimo ler a Bíblia a partir dessa perspectiva. Nas comunidades de base da América Latina, onde essa teologia surgiu, não havia ninguém que tivesse estudado teologia. Porém, elas tinham um senso para a dedicação de Deus e a dedicação de Jesus aos pobres. Eles identificavam na Bíblia aspectos que escapam de nós, saciados, na Europa.

O que se aplica à teologia da libertação é válido também para o diálogo com outras religiões. Quando, como cristãos, conduzimos um diálogo sincero com pessoas de fé judaica, compreendemos algumas passagens bíblicas de maneira diferente. Quando dialogamos com budistas, algumas sentenças de Jesus se abrem para uma nova compreensão. E, no diálogo com o Islã, outros textos bíblicos, por sua vez, aparecerão para nós numa nova luz. Nós não "misturamos" a fé cristã com outras religiões. Antes, através do diálogo com outras religiões, descobrimos toda a riqueza da Bíblia. Pois sempre corremos o risco de ler a Bíblia com o nosso estreito horizonte ocidental. Ela é, porém, a Palavra de Deus destinada a todas as pessoas, a todos os povos e culturas.

Sugestões de leitura da Bíblia hoje

Seria possível afirmar que a Carta de Tiago já contém uma espécie de teologia da libertação no Novo Testamento. Ela interpreta a mensagem de Jesus a respeito da "opção pelos pobres". Leia, pois, com o enfoque da teologia da libertação, as frases da Carta de Tiago: "Deus não escolheu os pobres aos olhos do mundo como ricos na fé e herdeiros do reino que Ele prometeu aos que o amam? Mas vós desprezastes o pobre! Não são os ricos que vos oprimem e vos arrastam para os tribunais?" (Tg 2,5s.). Ou: "Se um irmão ou uma irmã não tiverem o que vestir e precisarem do alimento de cada dia, e alguém de vós lhes disser: Ide em paz, aquecei-vos e fartai-vos, mas não lhes der o necessário para o corpo, o que adiantaria?" (Tg 2,15s.). Na interpretação da teologia da libertação não se trata tanto da questão: Quem eu sou?, mas da outra questão colocada pela filosofia grega: O que devo fazer? Também essa é uma questão legítima. Do contrário, corremos o perigo de utilizar a Bíblia apenas como "livro agradável". Ela também nos desafia a mudar nossa atitude.

Um exemplo de como o diálogo com outras religiões nos permite compreender as palavras de Jesus de outra maneira é, para mim, a parábola – à primeira vista, incômoda – do escravo inútil (Lc 17,7-10). Jesus não defende aqui a escravidão. Ele simplesmente a toma por realidade. E, no exemplo do escravo, que simplesmente faz a sua obrigação, Ele exorta também a nós: "Assim, também vós, quando tiverdes feito tudo que vos foi mandado, dizei: Somos escravos inúteis. Fizemos apenas o que tínhamos de fazer" (Lc 17,10). Eu só compreendi bem esse texto ao ler livros sobre o taoismo. Tao – assim diz a filosofia chinesa – é o habitual. Jesus quer nos alertar aqui para o risco de nos afundarmos em belas ideias espirituais. Nossa espiritualidade se revela no habitual, ao simplesmente fazermos o que temos de fazer no momento, o que temos de fazer a nós mesmos, ao outro e a Deus. Posso expressá-lo de forma ainda mais sóbria e comum: Espiritualidade consiste em fazer o que está posto. Não há nenhuma superestrutura espiritual, mas simplesmente fazer no momento o que Deus me dá como impulso interior, ou o que a realidade exige de mim.

7

Interpretação pessoal

Por fim, quero abordar mais uma vez o aspecto pessoal da leitura da Bíblia. Quando leio a Bíblia, o que importa é que a Palavra de Deus me toque pessoalmente. No entanto, nessa leitura pessoal, sempre há mal-entendidos. Ninguém lê a Bíblia sem ideias preconcebidas. Um bancário contou-me, por exemplo, que não conseguia ler a Bíblia. Ela lhe causava medo. Por toda a parte, ele lia apenas sobre inferno e condenação. Ele tendia a ser pessimista em relação a si mesmo e tinha em si um medo profundo da condenação. Ele não confiava na sua própria alma, tinha medo de si mesmo e do caos no seu íntimo. Ele projetava esse medo em todos os textos bíblicos da Bíblia e identificava em todos apenas a confirmação e o reforço de seu medo. Outros identificam na Bíblia uma sobrecarga moral contínua. Também isso está relacionado com sua autoimagem e com a educação que receberam. Para poder ler a Bíblia de tal modo que ela nos anuncie uma boa-nova é preciso, portanto, uma abordagem que esteja consciente de todas essas ideias preconcebidas e que possa deixá-las de lado.

Uma abordagem desse tipo é, na minha opinião, a palavra que, certa vez, caracterizou Agostinho. O próprio Agostinho era professor de oratória. Ele tinha experiência em lidar com textos. Além disso, diariamente ele fazia sermões sobre diversas passagens bíblicas, por exemplo, sobre os Salmos ou o Evangelho de João. E, desse modo, ele nos colocou à mão uma chave com a qual podemos abordar cada texto da Bíblia, a fim de abri-lo cada vez mais para nós. Agostinho diz: "O Verbo Divino é o adversário de tua vontade até o momento em que Ele se torna o artífice de tua salvação. Enquanto fores inimigo de ti mesmo, a Palavra de Deus também será tua inimiga. Sê amigo de ti mesmo e então também estarás de acordo com a Palavra de Deus". Em latim, a última frase é ainda mais elegante: *Amicus tibi esto et concordas cum ipso*. Pode-se traduzi-la também assim: "Ao lidares amigavelmente contigo mesmo, conformarás o teu coração à Palavra de Deus". Para mim, esse é um importante critério para saber se interpretei a Bíblia corretamente ou não. Se a Bíblia me causa medo, se ela me sobrecarrega e me provoca incômodo ou me leva ao dogmatismo, então a interpreto erroneamente. Somente se a compreensão das palavras bíblicas me leva a lidar bem comigo mesmo, se ela, em última instância, me faz bem, compreendo-a corretamente. Isso não significa, contudo, que devemos distorcer as palavras da Bíblia para que elas combinem conosco, para que não representem mais nenhum desafio. Isso seria, antes, rebaixar o texto ao nosso próprio nível. O que está em jogo é, antes, uma luta sincera com as palavras.

Há muitos textos bíblicos que, à primeira vista, nos parecem incompreensíveis. Outros nos irritam, não conseguimos aceitá-los, porque nos causam medo ou nos deixam de consciência pesada. No entanto, Agostinho nos aconselha: "Luta com a Palavra de Deus até que tu lides amigavelmente contigo mesmo, até que ela se torne uma palavra da vida, uma palavra que te faz bem, uma palavra que te indica o caminho para uma vida bemsucedida. Sempre que te irritas com uma palavra da Bíblia, isso é um sinal de que tu és teu próprio inimigo, que te enfureces contra ti mesmo, que tens medo da tua própria verdade e que, por isso, a reprimes". Ler a Bíblia significa, para Agostinho, portanto, lutar com a Palavra de Deus até que ela desponte em nós como palavra da vida. Sempre que a Palavra de Deus nos causa medo, deixamos de compreendê-la corretamente e a interpretamos a partir do medo básico que existe em nós, a partir do medo da própria verdade, a partir do caos interior. A Palavra de Deus que nos irrita revela o que nos causa medo ou o que rejeitamos e condenamos em nosso íntimo. A Palavra de Deus que nos irrita, revela onde nos irritamos conosco mesmos, onde nós mesmos ainda não nos aceitamos.

Há palavras duras de Jesus que são realmente desafiadoras. No entanto, Jesus não quer nos causar medo com elas. Antes, quer abrir nossos olhos. Às vezes, porém, nossa mente está bloqueada. Por isso, as palavras precisam ser bem claras, para despertarmos e vermos a realidade como ela é. Muitas vezes, deixamo-nos atrair por nossas próprias ilusões e relutamos em deixar essa tranquilidade sonolenta. Conosco sucede o mesmo que aos fariseus. Eles eram pessoas muito piedosas. Esforçavam-se em fazer a vontade de Deus. No entanto, frequentemente se ajustavam em sua piedade. E, então, sua piedade rapidamente se convertia em presunção. Eles se esforçavam para viver a vontade de Deus. Mas olhavam de cima para baixo também para as pessoas simples, que apenas vão levando a vida, ou para determinadas categorias profissionais, que designavam como pecadoras, como pessoas que não têm qualquer conexão com Deus. Contra esses fariseus piedosos, Jesus dirigia, seguidamente, palavras bastante provocativas. Essas, porém, não eram dirigidas apenas contra os fariseus, mas também contra nós nos dias atuais. Pois nos fariseus podemos encontrar a nós mesmos. Na verdade, nós lemos a Bíblia. Mas não gostamos de nos deixar atrair para fora da edificação espiritual da nossa vida, na qual nos instalamos confortavelmente.

Quero concretizar com alguns exemplos o método de interpretação bíblica recomendado por Agostinho. No Sermão da Montanha Jesus diz: "Se teu olho direito te leva a pecar, arranca-o e joga longe de ti, pois é preferível perder um dos teus membros do que teu corpo inteiro ser lançado no inferno. E se tua mão direita te leva a pecar, corta-a e joga longe de ti, pois é preferível perder um dos teus membros do que teu corpo inteiro ser lançado no inferno" (Mt 5,29s.). Muitas pessoas temem essa palavra de Jesus. Cada um de nós conhece as situações em que olhamos gananciosamente para uma pessoa, em que observamos os outros com um olhar condenatório e depreciativo. Seremos, só por isso, jogados no inferno? Devemos, por isso, arrancar nossos olhos?

Em primeiro lugar, é útil também aqui o conhecimento histórico sobre a fé judaica dessa época. Justamente no Evangelho de Mateus Jesus é caracterizado como aquele que cresceu na tradição do judaísmo, vive a fé e a reinterpreta, porém à sua maneira. Para um judeu era absolutamente proibido mutilar a si mesmo. Portanto, Jesus nem sequer deve ter compreendido essas palavras como exortação à automutilação. Porém, o que Ele quis dizer? Com certeza, há uma exortação dirigida a nós nessa passagem.

Isso é incontestável. Ela não nos deixa em paz, mas nos indica que devemos nos resguardar de, com nossos olhos, matar, condenar, cobrar, avaliar.

No entanto, o que significa, então, a exigência de arrancar o olho direito ou cortar a mão direita? Nesse ponto, a psicologia profunda pode nos auxiliar. O olho direito simboliza a característica de julgar e avaliar tudo, de querer monopolizar tudo; além disso, simboliza a ganância em nós, que quer fixar o outro e, até mesmo, matá-lo. Ao perceber que olhamos para as pessoas apenas com o "olho direito", temos que relativizar isso e nos voltar mais para o olho esquerdo. O olho esquerdo simboliza, na psicologia profunda, a característica de não avaliar o outro, de simplesmente deixá-lo ser, de admirar-se, olhar para o outro sem preconceitos e reconhecer nele a beleza que resplandece em sua face. Quando consideramos unilateralmente todas as pessoas e toda a criação apenas com o olho direito, o qual quer ter tudo para si e quer se apossar de tudo, então caímos no inferno de nossa ganância ilimitada. Nesse caso, prejudicamos a nós mesmos. A palavra de Jesus, que à primeira vista poderia nos causar medo, quer nos convidar, portanto, a relativizar nossa visão unilateral das coisas e das pessoas.

Também as mãos têm um significado na psicologia profunda. A mão direita simboliza o típico homem de ação, que acha que pode fazer tudo o que quer. Com frequência, de tanto fazer, ele foge de sua alma. Ele não está em contato com ela. O exemplo típico de um homem de ação é Prometeu, que, segundo o mito grego, roubou o fogo dos deuses para dar para os serem humanos. Por isso, ele foi castigado e amarrado a uma rocha. Diariamente vinha uma águia e comia o seu fígado, que, no entanto, sempre se regenerava. Nesse mito há um enunciado semelhante ao da palavra de Jesus: O típico homem de ação é devorado por suas próprias fantasias de grandeza – assim consta no mito grego. Jesus quer dizer: Quem unilateralmente quer fazer tudo, reprime seus sentimentos, corta a relação com sua alma. Então, ele é jogado no inferno dos seus sentimentos reprimidos. Muitas pessoas na meia-idade vivenciam isso. Até aquele momento, elas sempre só trabalharam, construíram sua casa, se instalaram. Mas agora sua alma se rebela. Elas são jogadas de um lado para o outro entre aquilo que querem e as emoções reprimidas, que as atacam e as empurram para uma espécie de inferno. A resposta para essa ameaça é: Corta a mão direita, retoma a ação puramente consciente e abre-te para a mão esquerda. Essa é a mão carinhosa, que acaricia, tranquiliza, encoraja. A mão esquerda é também a que acolhe, que alimenta e que dá proteção. Somente quando utilizarmos a mão direita e a esquerda de maneira equilibrada nossa vida será bem-sucedida.

Algumas pessoas acreditam que isso seria uma distorção da palavra de Jesus. É claro que sempre corremos o risco de adaptar o texto a nós e, com isso, tirar-lhe a acuidade. No entanto, se recorremos ao critério que Agostinho nos concede para interpretar a Bíblia, lutaremos com ela até que se torne realmente uma palavra da vida, até que ela nos leve a lidar amigavelmente conosco mesmos.

Alguns teólogos consideram que, em seus discursos, Jesus só queria nos mostrar que é impossível colocá-los em prática. Ele queria nos dizer que somos todos pecadores. No entanto, aos meus olhos, essa interpretação é muito pessimista.

E ela tampouco é isenta de preconceito. Por trás dela existe a ideia de que eu não confio em mim mesmo, de que eu nem sequer estou disposto a trabalhar em mim. Confio somente na graça. Essa é, no entanto, como afirma Dietrich Bonhoeffer, uma graça barata. Quem interpreta literalmente as palavras de Jesus e acredita que temos que evitar, de qualquer forma, todo olhar ganancioso e toda ação unilateral, não percebe que introduz seu próprio preconceito moralizante na interpretação do texto. Quem, portanto, reivindica para si a interpretação absolutamente correta, ignora que misturou na interpretação o seu próprio dogmatismo.

Não pretendo reivindicar que a interpretação com base na psicologia profunda, que realizei acima, é a única possível. Talvez também nesse caso entrou um preconceito próprio. No entanto, na minha opinião, justamente a palavra de Agostinho, reconhecida pela Igreja através dos séculos, é a chave relevante: Independentemente da maneira que interpreto uma frase, um texto, ele quer me conduzir para a vida, para a liberdade. A palavra da Bíblia quer me orientar para que eu me torne o meu próprio amigo. Então, a palavra de Jesus, apesar de todo desafio, não causa sobrecarga, mas uma profunda paz interior. Entretanto, essa paz não é uma confirmação da minha tranquilidade saciada, mas uma paz que surge após a inquietação e através do desafio.

Sugestões de leitura da Bíblia hoje

Para abordar a Bíblia no sentido de Agostinho não é preciso recorrer necessariamente à interpretação da psicologia profunda. Muitas pessoas compreenderam as palavras da Bíblia como palavras existenciais de cunho pessoal, que lhes propiciam lidar amigavelmente consigo mesmas. Elas levaram em conta, portanto, o conselho de Agostinho, sem que algum dia tivessem ouvido a respeito. Assim, quero tomar como exemplo a palavra de Jesus: "Se alguém quiser vir após mim, renuncie a si mesmo, tome a sua cruz e me siga" (Mt 16,24).

Minha tia compreendeu esse texto como mensagem para a sua vida. Ela não tinha ideia da interpretação da psicologia profunda ou de qualquer outro método de abordagem da Bíblia. Sua devoção simplesmente a levou a compreender essa frase de modo que ela tornou sua vida possível. Juntamente com seu marido falecido na guerra, ela tinha uma fazenda. Após a guerra, ela passou por um período de dificuldades. Então, casou-se com o empregado que trabalhava na fazenda. E foi um bom matrimônio. Além disso, ela perdeu dois filhos: o filho mais velho, que deveria assumir a fazenda, e uma filha. Ambos morreram de câncer. No entanto, minha tia não estava amargurada. Ela conseguia chorar, bem como rir e alegrar-se. Certa vez, eu lhe perguntei como ela havia suportado tudo isso. Aí ela disse bem tranquila e num tom de leveza e paz interior: "Cada um tem que carregar a sua cruz".

Ela compreendeu a palavra de Jesus, portanto, no sentido de que a cruz faz parte da condição de discípulo de Jesus. Simplesmente faz parte da vida. Não vale a pena ficar amargurada e indagar-se constantemente: Por que isso tem que acontecer comigo? A palavra de Jesus possibilitou-lhe declarar-se de acordo com seu destino e, apesar de tudo, enfrentá-lo de forma otimista e com alegria interior.

Conheço outras pessoas que vivenciam essa palavra como uma ameaça. Elas têm medo quando estão bem, pois então teria que vir uma cruz para lhes dificultar a vida. Elas sempre contam com uma catástrofe. Elas interpretam essa palavra de acordo com o seu preconceito de que Deus não é um Deus que lhes possibilita uma vida boa, mas um Deus arbitrário, que, a qualquer hora, pode atrapalhar os seus planos.

Um auxílio para interpretar essa palavra de tal modo que corresponda à chave que Agostinho nos colocou à mão é a interpretação figurada ou também a interpretação da psicologia profunda. Para C.G. Jung, a cruz é um símbolo antigo do tornar-se inteiro, da unidade dos opostos: céu e terra, luz e escuridão, bem e mal, homem e mulher, jovem e velho. Quando Jesus diz: "Quem quiser ser meu discpípulo, tome a sua cruz", isso quer dizer que o discípulo de Jesus deve procurar se tornar uma pessoa inteira. Jesus quer nos indicar o caminho da individuação. E esse caminho só é viável em mim através da aceitação de todos os opostos. A cruz é um convite para abraçar esses opostos: Eu abraço em mim o forte e o fraco, o saudável e o doente, o claro e o escuro, o amor e a agressão, a fé e a descrença, a confiança e o temor, a alegria e a tristeza. Muitas vezes, gostaríamos de viver em nós, na realidade, somente um polo desses opostos. Isso nos parece mais fácil. No entanto, ao ignorar um aspecto, o polo reprimido vai para a sombra e ali tem um efeito destrutivo sobre a pessoa.

Na interpretação da psicologia profunda, a mensagem de carregar a cruz é, portanto, uma palavra que leva à vida. Na forma de interpretação da devoção popular característica de minha tia, a cruz é compreendida também como imagem do sofrimento que nos atinge. Essa forma de interpretar, portanto, não está tão distante da forma de interpretação da psicologia profunda. No entanto, isso depende sempre do contexto em que vejo a cruz como imagem do sofrimento. Para minha tia, ela era um incentivo para aceitar o que lhe sucedeu exteriormente, o que interferiu em sua vida. Justamente desse modo, ela se revelou uma discípula de Jesus. A cruz não era um castigo, mas um sinal de que ela está no bom caminho de ser uma discípula de Jesus. No entanto, posso compreender a cruz como imagem do sofrimento também no sentido negativo. Então, tenho de contar constantemente com o fato de que Deus me sobrecarrega com uma cruz. Ele não me permite viver, frustra constantemente os meus planos e me sobrecarrega com sofrimento. Por trás dessa interpretação, encontra-se a imagem do Deus punitivo e arbitrário.

Portanto, não é tão importante se interpreto um texto no sentido da psicologia profunda ou como me sugere a devoção popular; decisivo é que a palavra da Bíblia me conduza para a vida, que ela me possibilite tornar-me meu próprio amigo. No caso de minha tia, a palavra de Jesus assegurou que ela não acusasse a si mesma nem assumisse o papel de vítima. Através da palavra de Jesus, ela foi fortalecida em sua jornada. E, apesar da cruz que tinha que carregar, conseguiu alegrar-se.

Nas passagens bíblicas mencionadas consta também que o discípulo de Jesus deve negar a si mesmo. Também isso foi interpretado de maneira bem distinta na história do cristianismo. Em sentido moralizante, foi interpretado da seguinte forma: Nós não podemos satisfazer nossas próprias necessidades, mas temos que negá-las. Temos que negar a nós mesmos subordinando-nos inteiramente – ao líder espiritual e a Deus. Lidar bem conosco mesmos seria puro egoísmo. No entanto, ao interpretar essa passagem no sentido da psicologia profunda, chegamos mais facilmente a uma interpretação que corresponde à nossa verdadeira essência. C.G. Jung distingue entre "eu" e "si-mesmo", entre "ego" e o verdadeiro "núcleo pessoal" do ser humano. Do amadurecimento do ser humano faz parte distanciar-se do seu "ego", a fim de encontrar o seu "si-mesmo". O "si-mesmo" é o centro da pessoa. Nele se encontram o consciente e o inconsciente, o humano e o divino. Não devemos negar esse "si-mesmo". No entanto, temos que nos distanciar do "ego". Temos que largá-lo. O "ego" sempre gira só em torno de si mesmo. Ele quer se impor, quer satisfazer somente os próprios desejos. As pessoas que, desse modo, são egoístas ou egocêntricas, não são consideradas maduras. Jesus não pede que nos curvemos ou neguemos para nos tornarmos pessoas que satisfaçam as expectativas das outras. Ele quer, antes, nos encorajar a nos tornarmos inteiramente nós mesmos. No entanto, faz parte desse caminho rumo à individuação o ato de largar o "ego". Não podemos matá-lo como pensam ou prescrevem alguns mestres da meditação. Precisamos do "ego". O termo grego para negar é *aparneisthai* e quer dizer: recusar, negar, dizer não. Significa, portanto: recusar as tendências do "ego", negar-se a satisfazer todos os seus desejos, oferecer resistência ao "ego", para que consigamos cada vez mais passar do "ego" para o "si-mesmo". Esse caminho para o "si-mesmo" não dá certo sem oferecer resistência ao "ego". Porém, quando o trilhamos, alcançamos uma profunda paz interior. Pois no "si-mesmo", no "núcleo pessoal" mais íntimo, estamos em harmonia conosco.

Também essa passagem bíblica foi interpretada na devoção popular, em cada caso, de forma diferente, dependendo de se a pessoa tem uma autoimagem otimista ou pessimista, ou se ela quer, cheia de temor, apagar qualquer forma de egoísmo, ou ainda se ela tem um senso saudável da necessidade de contrapor algo ao "ego", para não se colocar constantemente no centro. Inclusive na devoção popular se sabe que não é preciso satisfazer todas as necessidades, que certamente deveria haver uma liberdade em relação ao "ego". Pois quem se coloca permanentemente no centro não faz nada de positivo para si mesmo. Em última instância, ele não é levado a sério pelas pessoas.

Ler a Bíblia
De forma individual e conjunta

Depois de conhecer as sete diferentes maneiras de ler a Bíblia, você não precisa se decidir por uma delas. Você deve, antes, constituir o contexto sobre o qual irá desenvolver sua maneira de ler e seu método de estudo de caráter inteiramente pessoal. Por fim, quero apresentar algumas sugestões – por um lado, para a meditação pessoal sobre os textos bíblicos e, por outro lado, para a leitura conjunta da Bíblia nos grupos de estudos bíblicos.

Métodos de estudo individuais

1. "Saborear" as palavras

Esse método está relacionado com a *lectio divina*, como foi e, ainda hoje, é praticada pelos monges. Leia vagarosamente as palavras da Bíblia e faça repetidas pausas. Pergunte-se: Como sinto essa palavra da Bíblia? Qual é o seu "sabor"? Se o que é dito aqui está certo, como me sinto então? Como posso ver e conhecer a mim mesmo?

2. Descobrir o sentido das palavras

Esse método funciona mais mediante o intelecto. Leio as palavras de Jesus e me pergunto: Como posso compreendê--las? O que elas querem me dizer nos dias atuais? O método de abordagem é, sobretudo, adequado para algumas palavras de Jesus e para suas parábolas. Leio a parábola e me pergunto: O que Jesus quer me dizer com isso? Em que contexto Jesus me conta essa parábola? Qual é a passagem que me fascina e qual a que me irrita? Ao ver minha irritação, posso intuir que o texto me provoca conscientemente, para colocar em questão a minha autoimagem e a minha imagem de Deus?

3. Sentir-se na situação das histórias bíblicas

Esse método foi desenvolvido principalmente por Inácio de Loyola. Ao ler uma história de cura ou uma história de encontro ou outra narrativa, busco imaginar o possível aspecto dessa situação. E, então, busco colocar a mim mesmo nessa situação. Eu sou então o doente que Jesus vê, que Jesus toca, que Jesus aborda. Como me sinto quando Jesus me trata como a esse doente? Como me sinto na situação dos discípulos que, no barco, são balançados de um lado para o outro pelas ondas? Como me sinto ao meditar sobre as histórias da ressurreição na figura de Maria Madalena, nas figuras dos discípulos de Emaús, dos discípulos de Jesus ou na figura de Tomé, o cético? Busco imaginar detalhadamente as situações e me colocar no lugar dos personagens. Então, através da meditação, consigo encontrar Jesus nos dias atuais. A história daquela época se torna a minha própria história pessoal.

4. Meditar o evangelho do dia

Muitos religiosos que acompanho, bem como cristãos que buscam trilhar o caminho da espiritualidade, encontraram para si o método da meditação, que consiste em ler a cada manhã o evangelho do dia. Dependendo de se é uma narrativa, uma parábola ou uma palavra de Jesus, eles aplicam um dos métodos acima descritos. Soma-se a isso mais outro impulso. Quando medito o evangelho do dia da minha maneira pessoal e me pergunto o que ele quer me dizer hoje, então escolho uma palavra ou uma imagem e a levo junto durante o dia. Busco ver com outros olhos tudo o que encontro no dia de hoje. Então, a Bíblia transforma o meu cotidiano, o meu trabalho, o meu encontro com as pessoas, as minhas conversas. Essa é uma boa forma de fazer da Bíblia uma companheira diária.

Sugestões de leitura conjunta da Bíblia

Nas congregações religiosas é comum a reunião semanal para a leitura conjunta de um texto bíblico. Frequentemente o evangelho dominical é lido conjuntamente. Além das congregações, há grupos de estudos bíblicos que se reúnem uma vez por mês e fazem o mesmo. Alguns leem continuamente um evangelho ou uma epístola do Novo Testamento para entendê-lo coletivamente. Também nesse caso há diversos métodos.

1. Partilha da Bíblia

O método da partilha da Bíblia é muito popular em diversos grupos de estudos bíblicos. Nele a abordagem do texto e de sua mensagem sucede em sete passos definidos, resumidos aqui de maneira um tanto abreviada: Alguém lê o texto bíblico em voz alta. Todos escutam. Cada um tem consigo sua própria Bíblia e, na sequência, pode repetir em voz alta um versículo ou apenas uma ou duas palavras do texto. Ele simplesmente o pronuncia no recinto. Apenas pronunciá-lo em voz alta com as diversas vozes torna o texto mais presente. Sente-se quais palavras tocam o indivíduo. Quando o outro lê o texto em voz alta, também eu me deixo tocar pela palavra. Após um breve silêncio, o coordenador, a coordenadora, do grupo pergunta: "Alguém quer dizer algo sobre o que o toca especialmente nesse texto, o que surgiu de novo ou o que se tornou importante? Alguém talvez não entende uma frase?" Então, pode-se, à continuação, conversar sobre o texto. Nesse caso é preciso ter atenção para não entrar em discussões sobre o texto, mas explorar conjuntamente o texto para compreendê-lo melhor. No final da conversa, o texto será lido em voz alta mais uma vez. E todos deixam as palavras penetrarem em si conscientemente.

2. Conversa sobre a Bíblia

A clássica conversa sobre a Bíblia é preparada por um dos participantes. Ele busca meditar, compreender o texto bíblico em casa. Ele pesquisa em comentários como o texto poderia ser interpretado. Então, ele lê o texto em voz alta e o explica da forma que o compreendeu. A seguir, dirige perguntas aos participantes. É útil preparar previamente, por escrito, as perguntas e, então, entregá-las aos presentes. Possíveis perguntas poderiam ser: Esse texto é uma boa-nova para ti ou ele te sobrecarrega? No que poderia consistir a boa-nova? O que o texto quer me dizer hoje, na minha situação concreta? O que o texto diz sobre minha essência como cristão? E quais são as conclusões que devo tirar a partir do texto sobre o meu comportamento?

Em seguida, todos refletem cerca de dez minutos sobre essas questões e o texto. Quem quiser pode agora responder alguma das questões. Não é preciso responder todas as questões nem processá-las sistematicamente. Mas é importante direcionar a conversa para que a discussão não fique dispersa. É preciso um foco da conversa para que o grupo realmente enfrente a questão colocada pelo texto. Além disso, é importante tomar cuidado para não interpretar o texto em sentido moralizante. Frases como: "Na verdade, teríamos que...", "Na realidade, deveríamos..." não nos levam a lugar algum. Seria mais útil se perguntar como as palavras da Bíblia poderiam nos motivar para uma ação que faz bem a nós mesmos e se torna uma bênção para os outros.

3. A concretização do texto bíblico num gesto

Uma boa técnica é, ao final da conversa, convidar os participantes para fazerem um gesto. Por exemplo, no caso de uma história de cura, pode-se imitar o gesto do doente que pede pela cura: o ato de ajoelhar-se do leproso em Mc 1,40ss. ou as mãos abertas que anseiam ser tocadas por Jesus. Pode-se representar uma história também com o corpo, por exemplo, a da mulher encurvada, primeiro, ao ficar em posição ereta, em seguida, curvar-se e, curvado, andar lentamente pelo recinto. Então, o coordenador erguerá o primeiro, fortalecendo e acariciando suas costas até que ele, pouco a pouco, se endireite por conta própria. Em seguida, o que foi erguido erguerá outro, e ambos, por sua vez, um terceiro, de modo que, no fim, todos estão em posição ereta. É claro que não é possível realizar um exercício para cada texto bíblico. No entanto, é bom, em todo caso, ao término do estudo bíblico sentar-se de mãos abertas ou, em pé, fazer um gesto de oração, para que o texto bíblico toque também o corpo.

4. Bibliodrama

Um bom método de lidar com o texto bíblico é o bibliodrama. Entretanto, ele só deve ser aplicado se um dos participantes for treinado em conduzir um bibliodrama. Nesse caso, ele pode convidar os outros participantes a se identificar com uma pessoa ou com um objeto da história e representá-lo. O líder então anda em volta e pergunta como os participantes individuais se sentem, como veem a história a partir de sua posição. Além disso, ele pode convidá-los, através de perguntas e breves estímulos, a mudar sua posição, pôr-se em movimento e interpretar a cena bíblica de modo pessoal. O bibliodrama explora o texto de modo bastante emocional e existencial. Através da identificação com pessoas ou objetos na história bíblica, ele leva a uma experiência pessoal e espiritual mais profunda. Os participantes vivenciam a si mesmos, através da história bíblica, de forma diferente.

Esses métodos de leitura da Bíblia no plano individual bem como do estudo bíblico em grupo são recursos para traduzir a Bíblia concretamente para a nossa vida. Eles querem indicar que não se trata apenas de histórias do passado, mas que nós somos envolvidos nessas histórias. Através delas, nós mesmos podemos nos conhecer melhor e descobriremos que a Bíblia é, de fato, um livro salutar, um livro repleto de sabe-

doria, que nos indica o caminho a trilhar para vivermos bem nos dias atuais.

Assim, desejo-lhe, querida leitora, querido leitor, que você, tanto no plano individual como – caso participe de um grupo de estudo bíblico – no plano conjunto, encontre uma maneira de ler e meditar sobre a Bíblia de tal modo que possa experimentar sua força curativa e libertadora na sua vida nos dias atuais. Ao ler e meditar sobre a sabedoria, confie na sua própria alma. A Bíblia quer colocá-lo em contato com ela. Muitas vezes, ela está encoberta e obstruída pelo conhecimento e pelas inúmeras informações que, de fora, afluem para você e, com frequência, lhe separam do fundamento de sua alma. A Bíblia quer conduzi-lo para o seu verdadeiro si-mesmo. Ela quer que você se torne um amigo de si mesmo e, desse modo, também trate amigavelmente as outras pessoas.

Referências

GRÜN, Anselm. *Tiefenpsychologische Schriftauslegung*. Münsterschwarzach, 1992.

GRÜN, Anselm. *Jesus als Therapeut – Die heilende Kraft der Gleichnisse*. Münsterschwarzach, 2012.

GRÜN, Anselm. *Das große Buch der Evangelien*. Stuttgart, 1997.

ORÍGENES. Aus den Homilien zum Buche Numeri, in: *Quellen geistlichen Lebens*, editado por v. W. Gerlings e G. Greshake, Mainz, 1980.

CULTURAL

Administração
Antropologia
Biografias
Comunicação
Dinâmicas e Jogos
Ecologia e Meio Ambiente
Educação e Pedagogia
Filosofia
História
Letras e Literatura
Obras de referência
Política
Psicologia
Saúde e Nutrição
Serviço Social e Trabalho
Sociologia

CATEQUÉTICO PASTORAL

Catequese
  Geral
  Crisma
  Primeira Eucaristia

Pastoral
  Geral
  Sacramental
  Familiar
  Social
  Ensino Religioso Escolar

TEOLÓGICO ESPIRITUAL

Biografias
Devocionários
Espiritualidade e Mística
Espiritualidade Mariana
Franciscanismo
Autoconhecimento
Liturgia
Obras de referência
Sagrada Escritura e Livros Apócrifos

Teologia
  Bíblica
  Histórica
  Prática
  Sistemática

REVISTAS

Concilium
Estudos Bíblicos
Grande Sinal
REB (Revista Eclesiástica Brasileira)

VOZES NOBILIS

Uma linha editorial especial, com importantes autores, alto valor agregado e qualidade superior.

VOZES DE BOLSO

Obras clássicas de Ciências Humanas em formato de bolso.

PRODUTOS SAZONAIS

Folhinha do Sagrado Coração de Jesus
Calendário de mesa do Sagrado Coração de Jesus
Agenda do Sagrado Coração de Jesus
Almanaque Santo Antônio
Agendinha
Diário Vozes
Meditações para o dia a dia
Encontro diário com Deus
Guia Litúrgico

CADASTRE-SE
www.vozes.com.br

EDITORA VOZES LTDA.
Rua Frei Luís, 100 – Centro – Cep 25689-900 – Petrópolis, RJ
Tel.: (24) 2233-9000 – Fax: (24) 2231-4676 – E-mail: vendas@vozes.com.br

UNIDADES NO BRASIL: Belo Horizonte, MG – Brasília, DF – Campinas, SP – Cuiabá, MT
Curitiba, PR – Fortaleza, CE – Goiânia, GO – Juiz de Fora, MG
Manaus, AM – Petrópolis, RJ – Porto Alegre, RS – Recife, PE – Rio de Janeiro, RJ
Salvador, BA – São Paulo, SP